初級

中国語で おもてなし

改訂版

おもてなし中国語教材開発研究チーム

japan ❀ china

KINSEIDO

前　書　き

　入門用としてこのテキストを作成した目的は、学生が楽しく勉強して、中国語を好きになってもらうことです。日本の学習者が馴染みやすく、興味がある話題や内容を主に取り入れて、学生の学習モチベーションを最大限に引き出せるように工夫しています。

　このテキストの最大の特徴は、教育環境を選ばず、学習者が自分のスマホなどで簡単に練習問題を解いて、学習理解度を確認することができる CheckLink に対応してることです。CheckLink の詳細については巻末をご参照ください。

　ゼロから中国語を学ぶ学習者にとって、知識をどれだけ勉強したかというよりも、勉強したものをどれだけ身に付けたのかが、最も大事だということをこのテキストの編纂方針としています。この編纂方針は、各課に多種多様な練習問題を設けていることにも反映されています。また、練習問題がたくさん設けられていることから、学習者のレベルに応じて、柔軟に対応することできるようになっています。

　このテキストの内容は、日本人が中国語を学習する時に苦手な部分、及び教育現場にある問題点に注目しながら、学びやすい、教えやすい、実用性があるという視点から出発し編纂したものであり、主な特徴は以下の通りです。

1. 単語や文法項目は、中国語検定試験４級レベルに合わせて、最も基本的なものを扱っています。本テキストは文法項目４０個、単語数５００語弱を扱っています。
2. 一冊のテキストで、会話と読解を同時に勉強することができるよう、会話と短文を両方扱っています。
3. スムーズに学習するために、各課の会話文を６行、短文は前半50字以内、後半は70字程度に収めて、シンプルな形にしています。
4. 各課の理解度を効果的に深めることができるように、多様な練習問題を設けています。特に、日本人はリスニングやスピーキングに弱いことを考慮し、リスニングやスピーキングのドリルを多めにしています。

　一年間このテキストの勉強を通じて、中国語検定試験４級に合格し、簡単な中国語の応用能力を身に付けることを願っています。

　本テキストは金星堂の川井義大さんに、編集をご担当いただき、貴重なアドバイスと細かい編集作業をしていただきました。氷野善寛先生が開発された「中国語お名前チェッカー」というサイトを使わせていただき、ここに心より感謝申し上げます。

　本テキストを使用される学習者、先生方にはぜひ内容についての忌憚のないご意見やご批判などをお願いします。

2023 年 9 月　　著者

著者

おもてなし中国語教材開発チーム
（代表　張軼欧）

写真提供

博多通りもん	株式会社明月堂
気になるリンゴ	株式会社ラグノオささき
赤福餅	株式会社赤福
うなぎパイ	有限会社春華堂
白い恋人	石屋製菓株式会社
東京ばな奈	株式会社グレープストーン

表紙デザイン

（株）欧友社

イラスト

川野郁代

🎧 音声ファイル無料ダウンロード

http://www.kinsei-do.co.jp/download/0735

**この教科書で 🎧 DL 00 の表示がある箇所の音声は、上記 URL または QR コードにて
無料でダウンロードできます。自習用音声としてご活用ください。**

▶ PC からのダウンロードをお勧めします。スマートフォンなどでダウンロードされる場合は、
　ダウンロード前に「解凍アプリ」をインストールしてください。

▶ URL は、**検索ボックスではなくアドレスバー（URL 表示覧）に入力**してください。

▶ お使いのネットワーク環境によっては、ダウンロードできない場合があります。

◎ CD 00　左記の表示がある箇所の音声は、**教室用 CD** に収録されています。

目　次

中 国 に 関 す る 基 礎 知 識

国　名：　中華人民共和国

成　立：　1949 年 10 月 1 日

面　積：　約 960 万 km^2（日本の約 26 倍）

人　口：　約 13 億人（世界人口の約 19.4％を占める）

民　族：　漢族・モンゴル族・朝鮮族など、56 民族。
　　　　　（漢族は総人口の約 92％を占める）

首　都：　北京

共通語：　普通话（プートンホア pǔtōnghuà）

通　貨：　人民元　1 元 = 20 円（2023 年）

中 国 語 に 関 す る 基 礎 知 識

1 現代中国の共通語は"普通话"

　中国は多民族国家で、各民族それぞれ異なる言語を使用しています。漢族が使用している言葉を「漢語」と呼びます。「漢語」の他に「北京語」、「上海語」、「広東語」などの方言があります。中国全土で普く通じる共通語"普通话"と呼ばれています。"普通话"は北方方言をベースにして作られた普通語です。

　普通語には三つの規定があります。(1) 北京の発音を標準音とする。(2) 北方方言の語彙を基礎とする。(3) 現代口語文の典型的作文を文法基準とする。

　中国では、"普通话"の使用は、憲法に書かれていて、1998 年から、毎年 9 月の第三週目は「全国普通話普及宣伝週」と決められています。2020 年まで中国では、"普通话"の普及率は 73% であり、政府は 2025 年までに、"普通话"の普及率を 85% まで到達することを目標としています。

2 中国語の漢字

　中国語は漢字のみを使います。中国語漢字は 6 万字を超えると言われていますが、常用漢字は 3000 字程度です。現在中国では公的に使われている漢字は伝統的な字体「繁体字」を簡略化した「簡体字（简体字)」です。「簡体字（简体字)」を正式に使用し始めたのは 1956 年です。

繁体字	簡体字	日本語
馬	马	馬
廣	广	広
發	发	発

　中国語の漢字は、日本語の漢字と同じでも、意味が違う同形異義語がたくさんあります。

日本語	中国語	中国語の意味
愛人	爱人	配偶者
手紙	手纸	トイレットペーパー
老婆	老婆	妻
娘	娘	母

3 中国語の発音表記：ピンイン（拼音 pīnyīn）

　中国語の発音は、ローマ字で表記されます。発音のローマ字表記は、ピンイン（拼音 pīnyīn）と呼ばれています。例えば、馬の発音は中国語では以下のように表記されます。

繁体字	簡体字	発音
馬	马	mǎ

声調、単母音

中国語の音節構造

中国語の音節 = 子音（声母）＋ 母音（韻母）＋ 声調

音節	子音（声母）	母音（韻母）	声調
mǎ	m	a	∨

DL 01

CD1-01

声調（四声）

第1声	第2声	第3声	第4声	<u>軽声</u>
mā	má	mǎ	mà	<u>mā</u>ma
妈（お母さん）	麻（しびれる）	马（馬）	骂（罵る）	妈<u>妈</u>（お母さん）

それぞれの特徴

第1声	高く平らに	mā（妈）
第2声	急激に上げる	má（麻）
第3声	低く抑える	mǎ（马）
第4声	急激に下げる	mà（骂）
軽声	軽く短く	māma（妈妈）

音の高さ

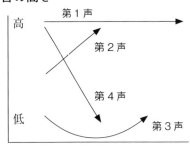

DL 02

D1-02

1 音声を聞いて発音してみましょう。

① mā má mǎ mà   ② má mà mā mǎ

③ mǎ mā mà má   ④ mà mǎ má mā

DL 03

D1-03

2 音声を聞いて発音してみましょう。

妈妈 骂 马。(Māma mà mǎ. / 母は馬を罵る。)

DL 04

D1-04

3 单母音

単母音	発音のポイント
a	口を大きく開けて発音する
o	日本語の「お」より唇を丸くして発音する
e	舌を下げ、抑えながら喉の奥から発音する
i (yi)	唇を左右に引き発音する
u (wu)	日本語の「う」より唇を丸く突き出して発音する
ü (yu)	口笛を吹く時の形で発音する
er	「あ」と言った後に、舌をそらせて発音する

（   ）内は前に子音がないときのつづりです。

DL 05

D1-05

 音声を聞いて発音してみましょう。

① ā á ǎ à   ② ō ó ǒ ò   ③ ē é ě è

④ yī yí yǐ yì   ⑤ wū wú wǔ wù   ⑥ yū yú yǔ yù

⑦ ēr ér ěr èr

DL 06

D1-06

 音声を聞いて、発音された方に〇をつけましょう。

① é   wú   ② yī   yū   ③ yù   wù

④ èr   è   ⑤ ā   ō   ⑥ é   ó

DL 07

D1-07

3 音声を聞いて発音してみましょう。

① 一 (yī)   ② 二 (èr)   ③ 五 (wǔ)   ④ 饿 (è お腹がすく)   ⑤ 鱼 (yú 魚)

⑥ 阿姨 (āyí おばさん)   ⑦ 雨衣 (yǔyī レインコート)

⑧ 阿姨 饿 了。(Āyí è le. / おばさんはお腹が空いた。)

第2回

複母音、子音

DL 08
CD1-08

1 複母音

◆ 前の母音を強く発音するタイプ

　　　ai　　　　ei　　　　ao　　　　ou

◆ 後ろの母音を強く発音するタイプ

　　　ia (ya)　　　ie (ye)　　　ua (wa)　　　uo (wo)　　　üe (yue)

　　　　　　　　※後ろの（　）内は前に子音がないときのつづり方です。以下は同じです。

◆ 真ん中の母音を強く発音するタイプ

　　　iao (yao)　　　iou (you)　　　uai (wai)　　　uei (wei)

　　　　　　　　※ iou と uei の前に子音がつくとき、o と e は省略されます。

　　　　　　　　牛 (niú) = n + iou + ╱　　　亀 (guī) = g + uei + ‐

◆ 声調記号の付け方

　① 母音の上につける。　　　　　　　　　　　　　　mā　yí　wǔ　tè

　② a があれば a の上につける。　　　　　　　　　ài　māo　piào

　③ a がなければ o か e につける。　　　　　　　　yōu　biē　duō　yuè

　④ iu と ui の場合は後ろにつける。　　　　　　　　liù　duì

　⑤ i の上につけることになったら、i の上の点をとること。　yī　suì

DL 09
CD1-09

1 音声を聞いて発音してみましょう。

　① ēi éi ěi èi　　　② ōu óu ǒu òu　　　③ yāo yáo yǎo yào

　④ wāi wái wǎi wài　　　⑤ wō wó wǒ wò　　　⑥ yuē yué yuě yuè

DL 10
CD1-10

2 発音された方に○をつけましょう。

　① ài　　èi　　　　② wā　　wō　　　　③ yù　　yuè

　④ ǒu　　wǒ　　　　⑤ yáo　　yóu　　　　⑥ yē　　yuē

DL 11
CD1-11

3 音声を聞いて声調符号をつけましょう。

　① ai　　② ei　　③ ou　　④ wa　　⑤ wo

　⑥ yue　　⑦ yao　　⑧ wai　　⑨ wei　　⑩ you

DL 12
CD1-12

4 音声を聞いて発音してみましょう。

　① 我 爱 你!（Wǒ ài nǐ! / 私はあなたを愛してる。）

　② 你 要 鱼 吗?　（Nǐ yào yú ma? / あなたは魚がほしいですか。）

　　―― 要。（yào. / ほしいです。）/ 不要。（Bú yào. / 要らないです。）

2 子音 (21)

	無気音	有気音		
しんおん 唇音	b(o)	p(o)	m(o)	f(o)
ぜっせんおん 舌尖音	d(e)	t(e)	n(e)	l(e)
ぜっこんおん 舌根音	g(e)	k(e)	h(e)	
ぜつめんおん 舌面音	j(i)	q(i)	x(i)	
ぜっしおん 舌歯音	z(i)	c(i)	s(i)	
そりじたおん そり舌音	zh(i)	ch(i)	sh(i)	r(i)

※ ü と üe は前に子音が付く場合 u と ue になります。

去 (qù) = q + ü + ＼　　　決 (jué) = j + üe + ／

◆ 有気音と無気音

1 音声を聞いて発音してみましょう。

① bà（爸／父）　pà（怕／怖がる）　② dǎ（打／殴る）　tǎ（塔／タワー）

③ gē（哥／兄）　kē（科／科）　④ jī（鸡／鶏）　qī（妻／妻）

⑤ zǐ（紫／紫）　cǐ（此／これ）　⑥ zhǐ（纸／紙）　chǐ（齿／歯）

⑦ 爸爸 怕 妈妈。（Bàba pà māma. ／お父さんはお母さんのことを怖がっている。）

2 音声を聞いて子音を書き取りましょう。

① ___iè　② ___uó　③ ___uó　④ ___ó　⑤ ___iǎo

⑥ ___uò　⑦ ___ì　⑧ ___uǐ　⑨ ___uì　⑩ ___uǎi

親族名称を覚えましょう！

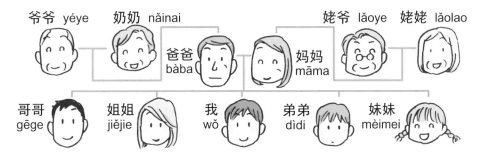

爷爷 yéye　奶奶 nǎinai　姥爷 lǎoye　姥姥 lǎolao
爸爸 bàba　妈妈 māma
哥哥 gēge　姐姐 jiějie　我 wǒ　弟弟 dìdi　妹妹 mèimei

第3回

鼻母音、声調変化、r 化音

DL 17

CD1-17

1　鼻母音

an	en	ang	eng	ong
ian (yan)	in (yin)	iang (yang)	ing (ying)	iong (yong)
uan (wan)	uen (wen)	uang (wang)	ueng (weng)	
üan (yuan)	ün (yun)			

※後ろの（　　）内は前に子音がないときのつづり方です。

※ uen の前に子音がつくとき、e は省略されます。

困 (kùn) = k + uen + ╲　　　孫 (sūn) = s + uen + ─

DL 18

CD1-18

1　音声を聞いて発音してみましょう。

① bān — bāng　　② pén — péng　　③ xián — xiǎng　　④ xīn — xīng

⑤ huān — huáng　　⑥ juān — quán — xuān　　⑦ jūn — jiōng — qióng — qún

DL 19

CD1-19

2　音声を聞いて発音された方に〇をつけましょう。

① pēn　　pēng　　　② yán　　yáng　　　③ xíng　　xióng

④ sūn　　sōng　　　⑤ jǔn　　jiǒng　　　⑥ xiān　　xiāng

DL 20

CD1-20

3　音声を聞いて、母音と声調符号を書きましょう。

① p_____　② b_____　③ m_____　④ g_____　⑤ k_____

⑥ y_____　⑦ x_____　⑧ ch_____　⑨ y_____　⑩ sh_____

◆ —n か —ng か

中国語で　—n　　　音読みで「─ン」で終わる

院　イン　➡　yuàn

中国語で　—ng　　　音読みで「─ウ」、或いは「─イ」で終わる

康　コウ　➡　kāng　　星　セイ　xīng

DL 21
01-21

DL 22
01-22

DL 23
01-23

DL 24
01-24

DL 25
01-25

DL 26
01-26

2　声調の変化

◆ 第 3 声 + 第 3 声

発音の時：➡ 第 2 声 + 第 3 声

表記　　：➡ 第 3 声 + 第 3 声のまま。

　　nǐhǎo（你好）　xǐzǎo（洗澡）　wǔdǎo（舞蹈）

◆ bù（不）の変調

bù（不）+ 第 4 声 ➡ bú（不）+ 第 4 声

　　bù（不）+ 第 1 声　chī（吃）　➡ bù chī

　　bù（不）+ 第 2 声　lái（来）　➡ bù lái

　　bù（不）+ 第 3 声　shǎo（少）　➡ bù shǎo

　　bù（不）+ 第 4 声　kàn（看）　➡ bú kàn

◆ yī（一）の変調

● 変化なし

　　順番を表す場合は、声調の変化なし。

　　　yī yuè（一月）　dì yī kè（第一课）

● 第 4 声に変化する

　　yī（一）+ 第 1 声、第 2 声、第 3 声 ➡ yì

　　　yìtiān（一天）　yì nián（一年）　yì bǎi（一百）

● 第 2 声に変化する

　　yī（一）+ 第 4 声 ➡ yí

　　　yí wàn（一万）　yígòng（一共）　yí cì（一次）

3　r 化音

① 変化なし　　　　　　　huā（花）　　　　　huār（花儿）

② n は発音しない　　　　wán（玩）　　　　　wánr（玩儿）

③ i は発音しない　　　　xiǎohái（小孩）　　　xiǎoháir（小孩儿）

④ ng は発音しない　　　　kòng（空）　　　　　kòngr（空儿）

第4回

発音まとめ

DL 27

CD1-27

1 常用挨拶言葉

① 你好！
Nǐ hǎo!
こんにちは！

② 你们好！
Nǐmen hǎo!
みなさんこんにちは！

③ 谢谢！
Xièxie!
ありがとう！

④ 不谢！
Bú xiè!
どういたしまして！

⑤ 对不起！
Duìbuqǐ!
ごめんなさい！

⑥ 没关系！
Méi guānxi!
大丈夫です。／かまいません。

⑦ 再见！
Zài jiàn!
さよなら！

DL 28

CD1-28

2 数字

零 líng	一 yī	二 èr	三 sān	四 sì	五 wǔ
六 liù	七 qī	八 bā	九 jiǔ	十 shí	

十一 (shíyī)　　　十二 (shí'èr)　　　十三 (shísān) ……… 二十 (èrshí)

二十一 (èrshiyī)　　二十二 (èrshi'èr) ……………………… 九十九 (jiǔshijiǔ)

一百 (yìbǎi)　　　一千 (yìqiān)　　　一万 (yíwàn)

DL 29

CD1-29

3 指示代名詞 1

これ；この	それ；その	あれ；あの	どれ；どの
这 zhè	那 nà		哪 nǎ
这个 zhège / zhèige	那个 nàge / nèige		哪个 nǎge / něige

ここ	そこ	あそこ	どこ
这儿 zhèr / 这里 zhèli	那儿 nàr / 那里 nàli		哪儿 nǎr / 哪里 nǎli

4　名前の言い方

01-30

● 例を参考にして、自分の名前を言ってみよう。自分の名前は「中国語お名前チェッカー」
で調べましょう

例： 您 贵 姓？
Nín guì xìng?
（お名前は何とおっしゃいますか。）

我 姓 田中。
Wǒ xìng Tiánzhōng.
（私は田中といいます。）

例： 你 叫 什么 名字？
Nǐ jiào shénme míngzi?
（何という名前ですか。）

我 叫 田中 花子。
Wǒ jiào Tiánzhōng Huāzǐ.
（私は田中花子といいます。）

我 姓 ＿＿＿＿＿＿ , 叫 ＿＿＿＿＿＿ ＿＿＿＿＿＿＿＿。
Wǒ xìng 　　　　 , jiào 　　　　　　 .

調べ方

① 「中国語お名前チェッカー」にアクセス

http://www.ch-station.org/chntext/onamae/

② 入力欄に日本語の漢字で氏名を入力

※名前が漢字ではなく平仮名やカタカナの人は自分で漢字名を付けましょう

例）あかり→月・亜加梨　しょう→翔

③ 変換ボタンを押す

④ 表示された簡体字とピンインを上の欄に正確に写す

你 是 中国人 吗?
Nǐ shì Zhōngguórén ma?

DL 32

CD1-32

✿ 桜大学の鈴木さんは、中国からの留学生の李さんを空港へ迎えにいきました。

会話

鈴木: 请问, 你 是 中国人 吗?
Língmù: Qǐngwèn, nǐ shì Zhōngguórén ma?

李娜: 对。我 是 中国人。
Lǐ Nà: Duì. Wǒ shì Zhōngguórén.

鈴木: 你 叫 什么 名字?
Língmù: Nǐ jiào shénme míngzi?

李娜: 我 叫 李 娜。
Lǐ Nà: Wǒ jiào Lǐ Nà.

鈴木: 你 好! 我 姓 铃木, 叫 铃木 悠太。
Língmù: Nǐ hǎo! Wǒ xìng Língmù, jiào Língmù Yōutài.

李娜: 你 好, 铃木!
Lǐ Nà: Nǐ hǎo, Língmù!

DL 31

CD1-31

新出語句

会話

1.请问 qǐngwèn お尋ねします　2.你 nǐ あなた　3.是 shì ～である

4.中国人 Zhōngguórén 中国人　5.吗 ma ～か(疑問を表す)　6.对 duì そのとおり　7.我 wǒ わたし

8.叫 jiào (名前)～といいます　9.什么 shénme なに　10.名字 míngzi 名前

11.你好! Nǐ hǎo! こんにちは!　12.姓 xìng (苗字)～といいます

ポイント

1.您 nín あなた(尊敬)　2.他 tā 彼　3.她 tā 彼女　4.我们 wǒmen 私たち

5.你们 nǐmen あなたたち　6.他们 tāmen 彼ら　7.她们 tāmen 彼女ら　8.您好! Nín hǎo! こんにちは!

9.老师 lǎoshī 先生　10.同学 tóngxué クラスメート　11.不 bù いいえ、…ではない

12.大学生 dàxuéshēng 大学生　13.日本人 Rìběnrén 日本人　14.留学生 liúxuéshēng 留学生

15.谁 shéi だれ　16.医生 yīshēng 医者

3~36
3~36

1 人称代名詞

単数	我 wǒ	你 nǐ	您 nín	他 tā / 她 tā
複数	我们 wǒmen	你们 nǐmen		他们 tāmen / 她们 tāmen

① 您 好！ 王 老师！ —— 你 好！ 铃木！
　Nín hǎo! Wáng lǎoshī! 　　Nǐ hǎo! Língmù!

2 "是"

① 我们 是 同学。
　Wǒmen shì tóngxué.

② 他们 不是 大学生。
　Tāmen bú shì dàxuéshēng.

3 疑問文 1 ——"吗" 疑問文

① 你 是 日本人 吗？ —— 对，我 是 日本人。
　Nǐ shì Rìběnrén ma? 　　Duì, wǒ shì Rìběnrén.

② 她们 是 留学生 吗？ —— 不，她们 不 是 留学生。
　Tāmen shì liúxuéshēng ma? 　　Bù, tāmen bú shì liúxuéshēng.

4 疑問文 2 —— 疑問詞疑問文

① A: 你 姓 什么？　B: 我 姓 木下。
　　Nǐ xìng shénme? 　　Wǒ xìng Mùxià.

② A: 你 叫 什么 名字？　B: 我 姓 木下，叫 木下 由美。
　　Nǐ jiào shénme míngzi? 　　Wǒ xìng Mùxià, jiào Mùxià Yóuměi.

③ A: 谁 是 医生？　B: 他 是 医生。
　　Shéi shì yīshēng? 　　Tā shì yīshēng.

 DL 38
CD1-38

我 是 日本人。我 姓 铃木，叫 铃木 悠太。
Wǒ shì Rìběnrén. Wǒ xìng Língmù, jiào Língmù Yōutài.

我 是 樱花 大学 的 学生。我 的 专业 是
Wǒ shì Yīnghuā Dàxué de xuésheng. Wǒ de zhuānyè shì

法律。她 叫 李 娜。她 不 是 日本人，是
fǎlǜ. Tā jiào Lǐ Nà. Tā bú shì Rìběnrén, shì

中国人。我们 是 朋友。
Zhōngguórén. Wǒmen shì péngyou.

 DL 37
新出語句 短文
CD1-37

1.樱花 yīnghuā 桜　2.大学 dàxué 大学　3.的 de ～の　4.学生 xuésheng 学生
5.专业 zhuānyè 専門、専攻　6.法律 fǎlǜ 法律　7.朋友 péngyou 友人

練習

1.韩国人 Hánguórén 韓国人　2.美国人 Měiguórén アメリカ人　3.经济 jīngjì 経済
4.商学 shāngxué 商学　5.文学 wénxué 文学　6.社会学 shèhuìxué 社会学
7.工学 gōngxué 工学

練 習 問 題

L 39
1-39

1 音声を聞いて読まれた順番に番号をふりましょう。

a 学生　　　b 老师　　　c 同学　　　d 我们　　　e 日本人
（　　）　　（　　）　　（　　）　　（　　）　　（　　）

2 日本語の意味に合うように（　　）内の語を並び替えましょう。

(1) 彼女たちはクラスメートです。

（同学 tóngxué / 她们 tāmen / 是 shì）。

_____

(2) あなたの専攻はなんですか。

（专业 zhuānyè / 的 de / 你 nǐ / 什么 shénme / 是 shì）？

_____

(3) 彼は中国人ですか。

（中国人 Zhōngguórén / 吗 ma / 他 tā / 是 shì）？

_____

3 次の日本語を中国語に訳しましょう。

(1) 誰が先生ですか。 ....

(2) 彼らは留学生ではありません。 ....

(3) 彼女は医者です。 ....

4 次の質問に答えて、隣の人に聞きましょう。

(1) 你 是 日本人 吗？
　　Nǐ shì Rìběnrén ma? ....

(2) 你 叫 什么 名字？
　　Nǐ jiào shénme míngzi? ....

(3) 你 的 专业 是 什么？
　　Nǐ de zhuānyè shì shénme? ....

5 次の文の下線部を自分自身の言葉で補い、発表してみましょう。

你们 好！我 姓 _____，叫 _____。我 是 日本人 / 韩国人 /
Nǐmen hǎo! Wǒ xìng _____, jiào _____. Wǒ shì Rìběnrén/Hánguórén/

美国人 / 中国人，我 是 _____ 大学 的 学生。我 的 专业 是 法律 / 经济 /
Měiguórén/Zhōngguórén, wǒ shì _____ Dàxué de xuésheng. Wǒ de zhuānyè shì fǎlǜ/jīngjì/

商学 / 文学 / 社会学 / 工学。
shāngxué/wénxué/shèhuìxué/gōngxué.

我 吃 乌冬面。
Wǒ　　chī　　wūdōngmiàn.

DL 41

CD1-41

　李さんと鈴木さんは一緒に和食屋で、メニューを見ながら注文を考えています。

会話

李娜： 这 是 什么？
Lǐ Nà: Zhè　shì　shénme?

铃木： 这 是 乌冬面。
Língmù: Zhè　shì　wūdōngmiàn.

李娜： 我 吃 乌冬面， 你 呢？
Lǐ Nà: Wǒ　chī　wūdōngmiàn,　nǐ　ne?

铃木： 我 也 吃 乌冬面。
Língmù: Wǒ　yě　chī　wūdōngmiàn.

李娜： 你 喝 乌龙茶 吗？
Lǐ Nà: Nǐ　hē　wūlóngchá　ma?

铃木： 我 不 喝 乌龙茶， 我 喝 绿茶。
Língmù: Wǒ　bù　hē　wūlóngchá,　wǒ　hē　lǜchá.

DL 40

CD1-40

新出語句

会話

1.这 zhè これ　2.乌冬面 wūdōngmiàn うどん　3.吃 chī 食べる　4.呢 ne ～は　5.也 yě ～も

6.喝 hē 飲む　7.乌龙茶 wūlóngchá ウーロン茶　8.绿茶 lǜchá 緑茶

ポイント

1.那 nà あれ、それ　2.哪 nǎ どの、どれ　3.这个 zhège この、これ　4.那个 nàge あの、あれ

5.哪个 nǎge どの、どれ　6.面包 miànbāo パン　7.蛋糕 dàngāo ケーキ　8.牛奶 niúnǎi 牛乳

9.买 mǎi 買う　10.衣服 yīfu 服　11.炒饭 chǎofàn チャーハン　12.饺子 jiǎozi 餃子

13.食堂 shítáng 食堂　14.去 qù いく　15.图书馆 túshūguǎn 図書館　16.都 dōu みんな

17.学习 xuéxí 勉強する　18.汉语 Hànyǔ 中国語　19.看 kàn 見る　20.电视 diànshì テレビ

2~45

2~45

1 ▶ 指示代名詞

这 zhè	那 nà	哪 nǎ
这个 zhège/zhèige	那个 nàge/nèige	哪个 nǎge/něige

① 这 是 面包，那 是 蛋糕。
　Zhè shì miànbāo, nà shì dàngāo.

② 你 吃 哪个？ —— 我 吃 那个。
　Nǐ chī nǎge? 　Wǒ chī nàge.

2 ▶ 動詞述語文　主語＋動詞＋目的語

① 你 喝 什么？ —— 我 喝 牛奶。
　Nǐ hē shénme? 　Wǒ hē niúnǎi.

② 她 买 什么？ —— 她 买 衣服。
　Tā mǎi shénme? 　Tā mǎi yīfu.

3 ▶ 疑問文3 ——"呢"疑問文

① 我 吃 炒饭，你 呢？ —— 我 吃 饺子。
　Wǒ chī chǎofàn, nǐ ne? 　Wǒ chī jiǎozi.

② 你 去 食堂，他 呢？ —— 他 去 图书馆。
　Nǐ qù shítáng, tā ne? 　Tā qù túshūguǎn.

4 ▶ 副詞　副詞（也／不／都）＋動詞

① 我们 都 学习 汉语。
　Wǒmen dōu xuéxí Hànyǔ.

② 我 也 不 看 电视。
　Wǒ yě bú kàn diànshì.

DL 47
CD1-47

我　和　李　娜　一起　吃　午饭。　这　是
Wǒ　hé　Lǐ　Nà　yìqǐ　chī　wǔfàn.　Zhè　shì

乌冬面，　那　是　荞麦面。　我　和　李　娜　都　吃
wūdōngmiàn,　nà　shì　qiáomàimiàn.　Wǒ　hé　Lǐ　Nà　dōu　chī

乌冬面。　她　喝　乌龙茶，　我　不　喝　乌龙茶，　我
wūdōngmiàn.　Tā　hē　wūlóngchá,　wǒ　bù　hē　wūlóngchá,　wǒ

喝　绿茶。
hē　lùchá.

1.和 hé ～と　2.一起 yìqǐ 一緒に　3.午饭 wǔfàn 昼食　4.荞麦面 qiáomàimiàn そば

練 習 問 題

DL 48
01-48

1 音声を聞いて読まれた順番に番号をふりましょう。

a 面包　　b 牛奶　　c 食堂　　d 汉语　　e 电视
（　）　　（　）　　（　）　　（　）　　（　）

2 日本語の意味に合うように（　）内の語を並び替えましょう。

(1) これは何ですか。

（什么 shénme / 这 zhè / 是 shì）？

_____

(2) 彼らはみな中国語を学びます。

（汉语 Hànyǔ / 学习 xuéxí / 他们 tāmen / 都 dōu）。

_____

(3) 彼女も服を買いません。

（她 tā / 买 mǎi / 不 bù / 也 yě / 衣服 yīfu）。

_____

3 次の日本語を中国語に訳しましょう。

(1) あなたはどれを食べますか。　_____

(2) 私はチャーハンを食べます、あなたは。　_____

(3) 私も図書館へいきません。　_____

4 次の質問に答えて、隣の人に聞きましょう。

(1) 你 喝 什么?
Nǐ hē shénme?　_____

(2) 你 吃 什么?
Nǐ chī shénme?　_____

(3) 我 学习 汉语, 你 呢?
Wǒ xuéxí Hànyǔ, nǐ ne?　_____

5 次の文の下線部を自分自身の言葉で補い、発表してみましょう。

我 和 _____（友人の名前）一起 吃 午饭。他/她 吃 _____,
Wǒ hé _____　　　　　yìqǐ chī wǔfàn. Tā chī _____,

我 也 吃 _____。他/她 喝 _____, 我 不 喝 _____,
wǒ yě chī _____. Tā hē _____, wǒ bù hē _____,

我 喝 _____。
wǒ hē _____.

我们 明天 去 京都 吧。
Wǒmen　míngtiān　qù　Jīngdū　ba.

🌸 李さんは鈴木さんに明日京都へ遊びに行こうと誘っています。

DL 50
CD1-50

会話

李娜：　我们　明天　去　京都　吧。
Lǐ Nà:　Wǒmen　míngtiān　qù　Jīngdū　ba.

铃木：　我　非常　想　去，可是，我　明天　有　课。
Língmù:　Wǒ　fēicháng　xiǎng　qù,　kěshì,　wǒ　míngtiān　yǒu　kè.

李娜：　那，你　后天　有　课　吗？
Lǐ Nà:　Nà,　nǐ　hòutiān　yǒu　kè　ma?

铃木：　我　后天　没有　课。后天　去　吧。
Língmù:　Wǒ　hòutiān　méiyǒu　kè.　Hòutiān　qù　ba.

李娜：　好　啊。我们　怎么　去？
Lǐ Nà:　Hǎo　a.　Wǒmen　zěnme　qù?

铃木：　我们　坐　电车　去　吧。
Língmù:　Wǒmen　zuò　diànchē　qù　ba.

DL 49
CD1-49

新出語句

会話

1. 明天 míngtiān 明日　2. 京都 Jīngdū 京都　3. 吧 ba ～しましょう、～してください

4. 非常 fēicháng 非常に　5. 想 xiǎng ～したい　6. 可是 kěshì しかし

7. 有 yǒu ～がある、～を持っている　8. 课 kè 授業　9. 那 nà それでは　10. 后天 hòutiān あさって

11. 没(有) méi(yǒu) ～ない、～持っていない、～しなかった(否定を表す)　12. 好啊。Hǎo a. いいですよ。

13. 怎么 zěnme どうやって　14. 坐 zuò 座る、乗る　15. 电车 diànchē 電車

ポイント

1. 法国 Fǎguó フランス　2. 美国 Měiguó アメリカ　3. 电影 diànyǐng 映画　4. 今天 jīntiān 今日

5. 烤肉 kǎoròu 焼肉　6. 现在 xiànzài 今　7. 学校 xuéxiào 学校　8. 书 shū 本　9. 地铁 dìtiě 地下鉄

10. 来 lái 来る　11. 东西 dōngxi もの　12. 公司 gōngsī 会社　13. 上班 shàngbān 出勤する

1~54
1~54

1 **助動詞** "想" + 動詞

① 我 想 去 法国，不 想 去 美国。
Wǒ xiǎng qù Fǎguó, bù xiǎng qù Měiguó.

② 他 也 不 想 看 电影。
Tā yě bù xiǎng kàn diànyǐng.

2 **"吧" 1** 提案，軽い命令

① 我们 今天 吃 烤肉 吧。 —— 好 啊！
Wǒmen jīntiān chī kǎoròu ba. Hǎo a!

② 你 现在 去 学校 吧！
Nǐ xiànzài qù xuéxiào ba!

3 **連動文** 動詞 1 + 動詞 2

① 我 去 图书馆 看 书。
Wǒ qù túshūguǎn kàn shū.

② 她 坐 地铁 来 学校。
Tā zuò dìtiě lái xuéxiào.

4 **語順** いつ + 主語 + 述語（動詞）+ 目的語
主語 + いつ + 述語（動詞）+ 目的語

① 明天 我 去 买 东西。
Míngtiān wǒ qù mǎi dōngxi.

② 他 后天 来 公司 上班。
Tā hòutiān lái gōngsī shàngbān.

25

李　娜　想　明天　去　京都。　可是，　我　明天
Lǐ　Nà　xiǎng　míngtiān　qù　Jīngdū.　Kěshì，　wǒ　míngtiān

有　课。　我　后天　没有　课。　我　和　李　娜　决定
yǒu　kè.　Wǒ　hòutiān　méiyǒu　kè.　Wǒ　hé　Lǐ　Nà　juédìng

后天　去。　我们　打算　坐　电车　去　京都。
hòutiān　qù.　Wǒmen　dǎsuan　zuò　diànchē　qù　Jīngdū.

1. 决定 juédìng 決める　2. 打算 dǎsuan 〜するつもり

練 習 問 題

1 音声を聞いて読まれた順番に番号をふりましょう。

DL 57
1-57

a 明天 　　b 今天 　　c 美国 　　d 学校 　　e 地铁
　（　　）　　　（　　）　　　（　　）　　　（　　）　　　（　　）

2 日本語の意味に合うように（　　）内の語を並び替えましょう。

(1) 私たちは明後日京都へ行きたいです。

（去 qù / 京都 Jīngdū / 我们 wǒmen / 后天 hòutiān / 想 xiǎng）。

_____

(2) 彼女も本を読みたくありません。

（她 tā / 看 kàn / 想 xiǎng / 书 shū / 不 bù / 也 yě）。

_____

(3) 彼は電車で会社へ行きます。

（公司 gōngsī / 他 tā / 去 qù / 电车 diànchē / 坐 zuò）。

_____

3 次の日本語を中国語に訳しましょう。

(1) 私はアメリカへ行きたくないです。 　_____

(2) 私たちは今日映画を見に行きましょう。 　_____

(3) 私は明後日買い物に行きます。 　_____

4 次の質問に答えて、隣の人に聞きましょう。

(1) 你 明天 有 课 吗?
Nǐ míngtiān yǒu kè ma? 　_____

(2) 你 怎么 来 学校?
Nǐ zěnme lái xuéxiào? 　_____

(3) 你 今天 想 吃 烤肉 吗?
Nǐ jīntiān xiǎng chī kǎoròu ma? 　_____

5 次の文の下線部を自分自身の言葉で補い、発表してみましょう。

我 今天 有 课, 明天 也 有/没 有 课。 我 想 _____ (いつ)
Wǒ jīntiān yǒu kè, míngtiān yě yǒu/méi yǒu kè. Wǒ xiǎng_____

_____ (どうやって) 去 _____ (どこ)。 我 想 和 _____ (誰)
qù_____. Wǒ xiǎng hé_____

一起 去。
yìqǐ qù.

第4课

我 家 有 五 口 人。
Wǒ jiā yǒu wǔ kǒu rén.

DL 59

李さんと鈴木さんは家族構成について話をしています。

CD1-59

会話

李娜：　　你 家 有 几 口 人？
Lǐ Nà:　　Nǐ jiā yǒu jǐ kǒu rén?

鈴木：　　我 家 有 五 口 人，爸爸、妈妈、两 个 哥哥 和 我。
Língmù:　Wǒ jiā yǒu wǔ kǒu rén, bàba、 māma、 liǎng ge gēge hé wǒ.

李娜：　　你 高，还是 你 哥哥 高？
Lǐ Nà:　　Nǐ gāo, háishi nǐ gēge gāo?

鈴木：　　我 高，我 哥哥 不 高。
Língmù:　Wǒ gāo, wǒ gēge bù gāo.

李娜：　　你 爸爸 高 吗？
Lǐ Nà:　　Nǐ bàba gāo ma?

鈴木：　　我 爸爸 很 高。他 一 米 八二。
Língmù:　Wǒ bàba hěn gāo. Tā yì mǐ bā'èr.

DL 58

CD1-58

新出語句

会話

1.家 jiā 家　2.几 jǐ いくつ　3.口 kǒu 〜人（家族の構成を数える量詞）　4.人 rén 人
5.爸爸 bàba お父さん　6.妈妈 māma お母さん　7.两 liǎng 二つ、2　8.个 ge 〜個、〜つ
9.哥哥 gēge お兄さん　10.高 gāo 高い　11.还是 háishi それとも　12.很 hěn とても
13.米 mǐ メートル

ポイント

1.姐姐 jiějie お姉さん　2.男朋友 nánpéngyou ボーイフレンド　3.班 bān クラス
4.京都人 Jīngdūrén 京都出身　5.东京人 Dōngjīngrén 東京出身　6.汉堡包 hànbǎobāo ハンバーガー
7.牛肉饭 niúròufàn 牛丼　8.昨天 zuótiān 昨日　9.热 rè 暑い　10.多高 duō gāo どれぐらい（高さ）
11.多重 duō zhòng どれぐらい（重さ）　12.公斤 gōngjīn キログラム

1 "的"の省略

① 単数の人称代名詞＋身近な存在の人

我 爸爸 ・ 你 姐姐 ・ 他 同学 ・ 她 男朋友
wǒ bàba nǐ jiějie tā tóngxué tā nánpéngyou

② 人称代名詞＋所属している組織

我 家 ・ 你 家 ・ 他 家
wǒ jiā nǐ jiā tā jiā

我们 学校 ・ 你们 班 ・ 他们 公司
wǒmen xuéxiào nǐmen bān tāmen gōngsī

2 疑問文 4 ── 選択疑問文　A，"还是" B？

① 你 是 京都人，还是 东京人？
Nǐ shì Jīngdūrén, háishi Dōngjīngrén?

② 你 吃 汉堡包，还是 吃 牛肉饭？
Nǐ chī hànbǎobāo, háishi chī niúròufàn?

3 形容詞述語文

① 昨天 热 吗？ —— 昨天 很 热。
Zuótiān rè ma? Zuótiān hěn rè.

② 昨天 热，今天 不 热。
Zuótiān rè, jīntiān bú rè.

4 名詞述語文 1 ── 身長，体重の言い方

① 你 多 高？ —— 我 一 米 六二。
Nǐ duō gāo? Wǒ yì mǐ liù'èr.

② 你 多 重？ —— 我 五十 公斤。
Nǐ duō zhòng? Wǒ wǔshí gōngjīn.

我 家 有 五 口 人，爸爸、妈妈、两 个
Wǒ jiā yǒu wǔ kǒu rén, bàba、 māma、 liǎng ge

哥哥 和 我。我 爸爸 很 高，一 米 八二。
gēge hé wǒ. Wǒ bàba hěn gāo, yì mǐ bā'èr.

我 一 米 七五。我 的 两 个 哥哥 都 是
Wǒ yì mǐ qīwǔ. Wǒ de liǎng ge gēge dōu shì

一 米 七三。
yì mǐ qīsān.

DL 64

新出語句 練習

CD1-64

1. 神户 Shénhù 神戸

練 習 問 題

66

-66

1 音声を聞いて読まれた順番に番号をふりましょう。

a 姐姐　　　b 哥哥　　　c 妈妈　　　d 高　　　e 热

（　　）　　（　　）　　（　　）　　（　　）　　（　　）

2 日本語の意味に合うように（　　）内の語を並び替えましょう。

⑴　あなたの家は何人家族ですか。

（家 jiā / 有 yǒu / 你 nǐ / 人 rén / 口 kǒu / 几 jǐ）？

_____

⑵　私の母は身長が高くありません。

（不 bù / 妈妈 māma / 高 gāo / 我 wǒ）。

_____

⑶　あなたは京都へ行きますか、それとも神戸へいきますか。

（还是 háishi / 神户 Shénhù / 京都 Jīngdū / 去 qù / 你 nǐ / 去 qù / ,）？

_____

3 次の日本語を中国語に訳しましょう。

⑴　昨日は暑かったです。　　_____

⑵　あなたはハンバーガーを食べますか、それとも牛丼を食べますか。

_____

⑶　彼には姉が２人います。　　_____

4 次の質問に答えて、隣の人に聞きましょう。

⑴　今天 热 吗？
　　Jīntiān rè ma?　　_____

⑵　你 多 高？
　　Nǐ duō gāo?　　_____

⑶　你 家 有 几 口 人？
　　Nǐ jiā yǒu jǐ kǒu rén?　　_____

5 次の文の下線部を自分自身の言葉で補い、発表してみましょう。

我 家 有 _____ 口 人， _____、 _____、
Wǒ jiā yǒu _____ kǒu rén, _____、 _____、

_____、 和 我。我 很/不 高，1 米 _____。
_____、 hé wǒ. Wǒ hěn/bù gāo, yì mǐ _____.

我 爸爸 也 很 高/不 高，他 1 米 _____。
Wǒ bàba yě hěn gāo / bù gāo, tā yì mǐ _____.

我 今年 十八 岁。
Wǒ　　jīnnián　　shíbā　　suì.

🌸 李さんと鈴木さんは年齢や誕生日などについて話をしています。

DL 68
CD1-68

【会話】

李娜： 我　今年　十八　岁，你　今年　多　大？
Lǐ Nà: Wǒ　jīnnián　shíbā　suì,　nǐ　jīnnián　duō　dà?

铃木： 我　比　你　大　两　岁，今年　二十　岁。
Língmù: Wǒ　bǐ　nǐ　dà　liǎng　suì,　jīnnián　èrshí　suì.

李娜： 你　的　生日　是　几　月　几　号？
Lǐ Nà: Nǐ　de　shēngri　shì　jǐ　yuè　jǐ　hào?

铃木： 五　月　二十三　号，双子座。
Língmù: Wǔ　yuè　èrshisān　hào,　Shuāngzǐzuò.

李娜： 你　今年　想　要　什么　生日　礼物？
Lǐ Nà: Nǐ　jīnnián　xiǎng　yào　shénme　shēngri　lǐwù?

铃木： 我　想　要　一　本　书、一　双　鞋　和　一　个　新　手机。
Língmù: Wǒ　xiǎng　yào　yì　běn　shū,　yì　shuāng　xié　hé　yí　ge　xīn　shǒujī.

DL 67
CD1-67

【新出語句】

【会話】

1.今年 jīnnián 今年　　2.岁 suì 〜歳　　3.多大 duō dà どれくらい（年齢）　　4.比 bǐ 〜と比べて、〜より

5.大 dà 年上、大きい　　6.生日 shēngri 誕生日　　7.月 yuè 月　　8.号 hào 日

9.双子座 Shuāngzǐzuò ふたご座　　10.要 yào ほしい　　11.礼物 lǐwù プレゼント　　12.本 běn（量子）〜冊

13.双 shuāng（量詞）対になっているものを数える　　14.鞋 xié 靴　　15.新 xīn 新しい

16.手机 shǒujī 携帯電話

【ポイント】

1.星期 xīngqī 曜日　　2.星期天 Xīngqītiān 日曜日　　3.点 diǎn 〜時　　4.分 fēn 〜分

5.件 jiàn（量詞）〜着　　6.多少钱 duōshao qián いくら　　7.块 kuài 元　　8.一样 yíyàng 同じ

9.小 xiǎo 年下、小さい　　10.妹妹 mèimei いもうと　　11.没有 méiyǒu（比較文に用いて）〜ほど…でない

9~71
9~71

1 名詞述語文 2 ——月日，曜日，時間，年齢，値段

その1　月日、曜日、時間

① 今天 几 月 几 号 星期几？　——今天 六 月 七 号 星期天。
Jīntiān jǐ yuè jǐ hào Xīngqījǐ?　　Jīntiān liù yuè qī hào Xīngqītiān.

② 现在 几 点？　　——现在 两 点 十分。
Xiànzài jǐ diǎn?　　Xiànzài liǎng diǎn shí fēn.

その2　年齢

③ 你 今年 多 大？——我 今年 十九 岁。
Nǐ jīnnián duō dà?　Wǒ jīnnián shíjiǔ suì.

その3　値段

④ 这 件 衣服 多少 钱？——这 件 衣服 四十九 块。
Zhè jiàn yīfu duōshao qián?　Zhè jiàn yīfu sìshíjiǔ kuài.

※副詞（不，也，都）がある場合は、"是"が必要となる。

⑤ 今天 不 是 六 月 七 号。
Jīntiān bú shì liù yuè qī hào.

⑥ 她 今年 也 是 十八 岁。
Tā jīnnián yě shì shíbā suì.

⑦ 我们 都 是 十八 岁。
Wǒmen dōu shì shíbā suì.

2 比較文　肯定：A＋"和"＋B＋"一样"＋形容詞。
　　　　　　A＋"比"＋B＋形容詞＋(差量)。
　　　　否定：A＋"没有"＋B＋形容詞。

① 木下 和 佐藤 一样 大。
Mùxià hé Zuǒténg yíyàng dà.

② 她 比 我 小。
Tā bǐ wǒ xiǎo.

③ 妹妹 比 我 小 两 岁。
Mèimei bǐ wǒ xiǎo liǎng suì.

④ 田中 没有 铃木 高。
Tiánzhōng méiyǒu Língmù gāo.

3 常用量詞

个 ge	本 běn	双 shuāng	件 jiàn
一个 手机、两个 人 yí ge shǒujī、liǎng ge rén	三 本 书 sān běn shū	四 双 鞋 sì shuāng xié	一 件 衣服 yí jiàn yīfu
这个 手机、这个 人 zhège shǒujī、zhège rén	这 本 书 zhè běn shū	这 双 鞋 zhè shuāng xié	这 件 衣服 zhè jiàn yīfu

李　娜　的　生日　和　我　的　一样，也　是
Lǐ　Nà　de　shēngri　hé　wǒ　de　yíyàng, yě　shì

五　月　二十三　号。不过，她　没有　我　大。我　比
wǔ　yuè　èrshisān　hào. Búguò, tā　méiyǒu　wǒ　dà. Wǒ　bǐ

她　大　两　岁。今年　的　生日　礼物，我　想　要
tā　dà　liǎng　suì. Jīnnián　de　shēngri　lǐwù, wǒ　xiǎng　yào

一　本　书，一　双　鞋　和　一　个　新　手机。
yì　běn　shū, yì　shuāng　xié　hé　yí　ge　xīn　shǒujī.

1. 不过 búguò しかし

5

練 習 問 題

L 74

1-74

1 音声を聞いて読まれた順番に番号をふりましょう。

　　a プレゼント　　　b 携帯電話　　　c 誕生日　　　d いくら　　　e 日曜日
　　　（　　）　　　　　　（　　）　　　　　（　　）　　　　　（　　）　　　　　（　　）

2 日本語の意味に合うように（　　）内の語を並び替えましょう。

(1) 田中さんは私より二歳年下です。

　　（我 wǒ / 田中 Tiánzhōng / 两 liǎng / 比 bǐ / 小 xiǎo / 岁 suì）。

――――――――――――――――――――――――――――――――――――――

(2) 鈴木さんは木下さんと同い年です。

　　（木下 Mùxià / 铃木 Língmù / 大 dà / 和 hé / 一样 yíyàng）。

――――――――――――――――――――――――――――――――――――――

(3) 妹は私ほど身長が高くありません。

　　（我 wǒ / 妹妹 mèimei / 高 gāo / 没有 méiyǒu）。

――――――――――――――――――――――――――――――――――――――

3 次の日本語を中国語に訳しましょう。

(1) 今日は何月何日何曜日ですか。

(2) 彼女は私より二歳年上です。

(3) この本はいくらですか。

4 次の質問に答えて、隣の人に聞きましょう。

(1) 你 今年 多 大 ?
　　Nǐ jīnnián duō dà?

(2) 你 的 生日 是 几 月 几 号 ?
　　Nǐ de shēngri shì jǐ yuè jǐ hào?

(3) 你 想 要 什么 生日 礼物 ?
　　Nǐ xiǎng yào shénme shēngri lǐwù?

5 次の文の下線部を自分自身の言葉で補い、発表してみましょう。

　　我 今年 ＿＿＿＿＿＿＿＿ 岁, 我 的 生日 是 ＿＿＿＿＿＿＿＿。我 朋友 叫
　　Wǒ jīnnián ＿＿＿＿＿＿＿ suì,　wǒ de shēngri shì ＿＿＿＿＿＿＿. Wǒ péngyou jiào

　　＿＿＿＿＿＿＿。她/他（比 我 大/没有 我 大/和 我 一样 大）。她/他 的 生日
　　＿＿＿＿＿＿＿. Tā　（bǐ wǒ dà/méiyǒu wǒ dà/hé　wǒ yíyàng dà).　Tā　de shēngri

是 ＿＿＿＿＿＿＿＿。今年 的 生日 礼物 我 想 要 ＿＿＿＿＿＿＿＿。
shì ＿＿＿＿＿＿＿.　Jīnnián de shēngri lǐwù wǒ xiǎng yào ＿＿＿＿＿＿＿.

第 6 课

我 家 在 名古屋。
Wǒ　jiā　zài　　Mínggǔwū.

DL 76

CD1-76

✿ 李さんと鈴木さんは通学事情について話をしています。

会話

李娜: 你 家 在 哪儿？
Lǐ Nà:　Nǐ　jiā　zài　　nǎr?

铃木: 我 家 在 名古屋。
Língmù:　Wǒ　jiā　zài　　Mínggǔwū.

李娜: 你 家 离 学校 远 吗？
Lǐ Nà:　Nǐ　jiā　lí　xuéxiào　yuǎn　ma?

铃木: 我 家 离 学校 很 远。
Língmù:　Wǒ　jiā　lí　xuéxiào　hěn　yuǎn.

李娜: 从 你 家 到 学校 要 多长 时间？
Lǐ Nà:　Cóng　nǐ　jiā　dào　xuéxiào　yào　duōcháng　shíjiān?

铃木: 从 我 家 到 学校 要 一 个 半 小时。
Língmù:　Cóng　wǒ　jiā　dào　xuéxiào　yào　yí　ge　bàn　xiǎoshí.

DL 75

CD1-75

新出語句

会話

1. 在 zài ～が…にある、～が…にいる　2. 哪儿 nǎr どこ　3. 名古屋 Mínggǔwū 名古屋
4. 离 lí ～から、～まで　5. 远 yuǎn 遠い　6. 从… cóng… …から　7. 到 dào …まで　8. 要 yào かかる
9. 多长 duōcháng どれくらい（長さ）　10. 时间 shíjiān 時間　11. 半 bàn 半分、半　12. 小时 xiǎoshí ～時間

ポイント

1. 车站 chēzhàn 駅　2. 近 jìn 近い　3. 医院 yīyuàn 病院　4. 超市 chāoshì スーパー
5. 教室 jiàoshì 教室　6. 便利店 biànlìdiàn コンビニ　7. 分钟 fēnzhōng ～分間
8. 星期一 Xīngqīyī 月曜日　9. 星期六 Xīngqīliù 土曜日　10. 每天 měitiān 毎日
11. 起床 qǐchuáng 起きる　12. 睡 shuì 寝る　13. 骑 qí 乗る　14. 自行车 zìxíngchē 自転車
15. 开车 kāichē 運転する　16. 走路 zǒulù 歩いて、歩く

1 "离"、"从～到…" A"离"B…（AはBから…、AはBまで…）,"从A到B"

① 我 家 离 车站 很 近。
Wǒ jiā lí chēzhàn hěn jìn.

② 医院 离 超市 不 远。
Yīyuàn lí chāoshì bù yuǎn.

"从～到…" "从"＋A＋"到"＋B＋…（AからBまで…）

③ 从 教室 到 便利店 要 五 分钟。
Cóng jiàoshì dào biànlìdiàn yào wǔ fēnzhōng.

④ 从 星期一 到 星期六 我 每天 都 有 课。
Cóng Xīngqīyī dào Xīngqīliù wǒ měitiān dōu yǒu kè.

2 時点と時量 時点＋動詞、動詞＋時量

① 姐姐 每天 六 点 半 起床。
Jiějie měitiān liù diǎn bàn qǐchuáng.

② 哥哥 每天 睡 六 个 半 小时。
Gēge měitiān shuì liù ge bàn xiǎoshí.

3 移動手段 ＋ 動詞

坐 电车 / 骑 自行车 / 开车 / 走路＋去・来
zuò diànchē / qí zìxíngchē / kāichē / zǒulù + qù · lái

① 爸爸 每天 骑 自行车 去 公司。
Bàba měitiān qí zìxíngchē qù gōngsī.

② 我 每天 走路 来 学校。
Wǒ měitiān zǒulù lái xuéxiào.

DL 81
CD1-81

我　家　在　名古屋。　名古屋　很　漂亮。　我
Wǒ　jiā　zài　Mínggǔwū.　　Mínggǔwū　hěn　piàoliang.　Wǒ

非常　喜欢　名古屋。　我　家　离　学校　很　远。
fēicháng　xǐhuan　Mínggǔwū.　Wǒ　jiā　lí　xuéxiào　hěn　yuǎn.

我　每天　七　点　坐　电车　去　学校。　从　我　家
Wǒ　měitiān　qī　diǎn　zuò　diànchē　qù　xuéxiào.　Cóng　wǒ　jiā

到　学校　坐　电车　要　一　个　半　小时。
dào　xuéxiào　zuò　diànchē　yào　yí　ge　bàn　xiǎoshí.

DL 80
CD1-80

 新出語句 短文

1.漂亮 piàoliang きれい　2.喜欢 xǐhuan 好き

6

練 習 問 題

DL 82
1-82

1 音声を聞いて読まれた順番に番号をふりましょう。

a コンビニ   b 自転車   c きれい   d 駅   e どこ

( )   ( )   ( )   ( )   ( )

2 日本語の意味に合うように（　　）内の語を並び替えましょう。

(1) 学校は駅から近いです。

（车站 chēzhàn / 近 jìn / 离 lí / 很 hěn / 学校 xuéxiào）。

_____

(2) 私の家からコンビニまでは5分間かかります。

（五分钟 wǔ fēnzhōng / 到 dào / 便利店 biànlìdiàn / 我家 wǒ jiā / 从 cóng / 要 yào）。

_____

(3) 父は毎日5時間寝ます。

（爸爸 bàba / 五个小时 wǔ ge xiǎoshí / 每天 měitiān / 睡 shuì）。

_____

3 次の日本語を中国語に訳しましょう。

(1) 病院はスーパーまで遠いです。 _____

(2) 彼は毎日自転車で会社へ行きます。 _____

(3) あなたの家から学校までどのくらいの時間がかかりますか。

_____

4 次の質問に答えて、隣の人に聞きましょう。

(1) 你 家 在 哪儿？
Nǐ jiā zài nǎr? _____

(2) 你 家 离 学校 远 吗？
Nǐ jiā lí xuéxiào yuǎn ma? _____

(3) 你 每天 几 点 起床？
Nǐ měitiān jǐ diǎn qǐchuáng? _____

5 次の文の下線部を自分自身の言葉で補い、発表してみましょう。

我 家 在 _____。我 家 离 学校 _____。我 每天
Wǒ jiā zài _____. Wǒ jiā lí xuéxiào _____. Wǒ měitiān

_____（何時）起床。我 每天 _____（どうやって）去 学校。
_____ qǐchuáng. Wǒ měitiān _____ qù xuéxiào.

从 我 家 到 学校 要 _____（時間）。
Cóng wǒ jiā dào xuéxiào yào _____.

39

第7課

我 不 会 游泳。
Wǒ　bú　huì　yóuyǒng.

DL 84

CD2-02

李さんと鈴木さんは大学近くにある琵琶湖について話をしています。

会話

李娜：　我们　学校　的　西边儿　有　什么？
Lǐ Nà:　Wǒmen　xuéxiào　de　xībiānr　yǒu　shénme?

铃木：　有 一 个 很 有名 的 湖。那个 湖 叫 琵琶湖。
Língmù:　Yǒu　yí　ge　hěn　yǒumíng　de　hú.　Nàge　hú　jiào　Pípahú.

李娜：　我 不 会 游泳，你 会 吗？
Lǐ Nà:　Wǒ　bú　huì　yóuyǒng,　nǐ　huì　ma?

铃木：　会。夏天 我 喜欢 在 琵琶湖 里 游泳。
Língmù:　Huì.　Xiàtiān　wǒ　xǐhuan　zài　Pípahú　li　yóuyǒng.

李娜：　你 一 分钟 能 游 多少 米？
Lǐ Nà:　Nǐ　yì　fēnzhōng　néng　yóu　duōshao　mǐ?

铃木：　我 一 分钟 能 游 五十 米。
Língmù:　Wǒ　yì　fēnzhōng　néng　yóu　wǔshí　mǐ.

DL 83
CD2-01

新出語句

会話

1. 西边儿 xībiānr 西　2. 有名 yǒumíng 有名　3. 湖 hú 湖　4. 琵琶湖 Pípahú 琵琶湖
5. 会 huì 〜できる　6. 游泳 yóuyǒng 泳ぐ、水泳をする　7. 夏天 xiàtiān 夏　8. 在 zài 〜で
9. 里 li 〜の中　10. 能 néng 〜できる　11. 游 yóu 泳ぐ　12. 多少 duōshao いくつ、どれだけ

ポイント

1. 经常 jīngcháng いつも、しょっちゅう　2. 星巴克 Xīngbākè スターバックス　3. 咖啡 kāfēi コーヒー
4. 水果 shuǐguǒ 果物　5. 书店 shūdiàn 書店　6. 前边儿 qiánbiānr 前　7. 等 děng 待つ　8. 海 hǎi 海
9. 桌子 zhuōzi 机　10. 上 shang 〜の上　11. 苹果 píngguǒ りんご　12. 商店 shāngdiàn お店
13. 钱包 qiánbāo 財布　14. 书包 shūbāo かばん　15. 说 shuō 話す　16. 英语 Yīngyǔ 英語
17. 包 bāo 包む　18. 抽烟 chōuyān タバコを吸う

5~87

3-05

ポイント

1 前置詞"在"　　"在"＋場所

① 她　经常　在 星巴克　喝　咖啡。
　　Tā jīngcháng zài　Xīngbākè　hē　kāfēi.

② 高桥　每天　在 超市　买　水果。
　　Gāoqiáo měitiān zài　chāoshì　mǎi　shuǐguǒ.

③ 他　在 书店 的 前边儿　等　你。
　　Tā　zài shūdiàn de　qiánbiānr děng　nǐ.

④ 我　喜欢　在 海 里　游泳。
　　Wǒ xǐhuan　zài　hǎi　li　yóuyǒng.

2 "有"と"在"

有：場所＋"有"＋不特定の物、人

在：特定の物、人＋"在"＋場所

① 桌子 上 有 一 个 苹果。
　　Zhuōzi shang yǒu　yí　ge　píngguǒ.

② 商店 里 有 很 多 人。
　　Shāngdiàn li yǒu　hěn　duō　rén.

③ 我 的 钱包 在 书包 里。 ※「～の中」「～の上」と言うときには"～里""～上"
　　Wǒ de　qiánbāo zài　shūbāo　li.　　（ともに軽声）の形で多く用いられます。

④ 田中 在 图书馆。
　　Tiánzhōng zài túshūguǎn.

3 "会"と"能"

① 我 不 会 开车，哥哥 会。
　　Wǒ bú huì kāichē,　gēge　huì.

② 我 妈妈 会 说 英语。
　　Wǒ māma　huì shuō Yīngyǔ.

③ 我 姐姐 会 包 饺子，她 半 个 小时 能 包 五十 个。
　　Wǒ jiějie　huì bāo jiǎozi,　tā bàn ge xiǎoshí néng bāo wǔshí ge.

④ 地铁 里 能 抽烟 吗? ── 不 能。
　　Dìtiě　li　néng chōuyān ma?　　Bù néng.

41

DL 89
CD2-07

琵琶湖	是	日本	最	大	的	湖。	琵琶湖	在
Pípahú	shì	Rìběn	zuì	dà	de	hú.	Pípahú	zài

我们	学校	的	西边儿。	我们	班	的	同学	都	会
wǒmen	xuéxiào	de	xībiānr.	Wǒmen	bān	de	tóngxué	dōu	huì

游泳，	夏天	我们	经常	去	琵琶湖	游泳。	我	一
yóuyǒng,	xiàtiān	wǒmen	jīngcháng	qù	Pípahú	yóuyǒng.	Wǒ	yì

分钟	能	游	五十	米。
fēnzhōng	néng	yóu	wǔshí	mǐ.

DL 88
CD2-06

新出語句　短文

1. 最 zuì 最も

練習

1. 东边儿 dōngbiānr 東　2. 南边儿 nánbiānr 南　3. 北边儿 běibiānr 北
4. 不太 bútài あまり〜ない

7

練 習 問 題

L 90
2-08

1 音声を聞いて読まれた順番に番号をふりましょう。

a 水泳をする　　 b 果物　　 c 英語　　 d 好き　　 e 本屋
　（　　）　　　 （　　）　　 （　　）　　 （　　）　　 （　　）

2 日本語の意味に合うように（　　）内の語を並び替えましょう。

(1) テーブルには財布があります。

（钱包 qiánbāo / 桌子 zhuōzi / 一个 yí ge / 上 shang / 有 yǒu）。

_____

(2) 私は一分間で50メートル泳げます。

（我 wǒ / 游 yóu / 米 mǐ / 一分钟 yì fēnzhōng / 能 néng / 五十 wǔshí）。

_____

(3) 彼女はコンビニの前であなたを待っています。

（你 nǐ / 她 tā / 等 děng / 便利店 biànlìdiàn / 在 zài / 前边儿 qiánbiānr / 的 de）。

_____

3 次の日本語を中国語に訳しましょう。

(1) 姉は本屋で本を買うのが好きです。　_____

(2) 兄は中国語を話せません。　_____

(3) 教室には人がたくさんいます。　_____

4 次の質問に答えて、隣の人に聞きましょう。

(1) 你 会 游泳 吗？
Nǐ huì yóuyǒng ma?　_____

(2) 你 一 分钟 能 游 多少 米？
Nǐ yì fēnzhōng néng yóu duōshao mǐ?　_____

(3) 你 每天 在 哪儿 吃 午饭？
Nǐ měitiān zài nǎr chī wǔfàn?　_____

5 次の文の下線部を自分自身の言葉で補い、発表してみましょう。

我 家 的 东边儿/西边儿/南边儿/北边儿 有 一 个 便利店。从 我 家 到
Wǒ jiā de dōngbiānr / xībiānr / nánbiānr / běibiānr yǒu yí ge biànlìdiàn. Cóng wǒ jiā dào

那个 便利店 要 _____ 分钟。那个 便利店 的 东西 很 多/不 多，我 很
nàge biànlìdiàn yào _____ fēnzhōng. Nàge biànlìdiàn de dōngxi hěn duō/bù duō, wǒ hěn

喜欢/不太 喜欢 那个 便利店。
xǐhuan/bútài xǐhuan nàge biànlìdiàn.

第 8 课

你 暑假 去了 什么 地方？
Nǐ shǔjià qùle shénme dìfang?

DL 92

CD2-10

🌸 李さんと鈴木さんは、李さんの夏休み中の旅行について話をしています。

会話

铃木: 你 在 干 什么 呢？
Língmù: Nǐ zài gàn shénme ne?

李娜: 我 在 看 暑假 里 拍 的 照片。
Lǐ Nà: Wǒ zài kàn shǔjià li pāi de zhàopiàn.

铃木: 你 暑假 去了 什么 地方？
Língmù: Nǐ shǔjià qùle shénme dìfang?

李娜: 我 去了 东京 的 秋叶原。
Lǐ Nà: Wǒ qùle Dōngjīng de Qiūyèyuán.

铃木: 你 去 富士山 了 吗？
Língmù: Nǐ qù Fùshìshān le ma?

李娜: 没 去。 我 打算 春假 去。
Lǐ Nà: Méi qù. Wǒ dǎsuan chūnjià qù.

DL 91

CD2-09

新出語句

会話

1.在～ zài～ ～している　2.干 gàn する　3.呢 ne ～している　4.暑假 shǔjià 夏休み　5.拍 pāi 撮る
6.照片 zhàopiàn 写真　7.了 le 完了、実現、情况の変化などを表す　8.什么地方 shénme dìfang どこ
9.东京 Dōngjīng 東京　10.秋叶原 Qiūyèyuán 秋葉原　11.富士山 Fùshìshān 富士山
12.春假 chūnjià 春休み

ポイント

1.弟弟 dìdi 弟　2.唱 chàng 歌う　3.歌 gē 歌　4.写 xiě 書く　5.作业 zuòyè 宿題　6.给 gěi ～に
7.打 dǎ（電話を）かける　8.电话 diànhuà 電話　9.玩儿 wánr 遊ぶ　10.游戏 yóuxì ゲーム
11.做 zuò 作る、する　12.菜 cài 料理、おかず　13.好吃 hǎochī（食べ物）おいしい
14.奶奶 nǎinai お婆さん　15.香蕉 xiāngjiāo バナナ　16.上课 shàngkè 授業を受ける、授業をする
17.时候 shíhou 時　18.说话 shuō huà 話をする　19.卖 mài 売る　20.好喝 hǎohē（飲み物）おいしい
21.贵 guì 高い　22.巧克力 qiǎokèlì チョコレート　23.冰激凌 bīngjilíng アイスクリーム
24.手表 shǒubiǎo 腕時計　25.红叶 hóngyè 紅葉　26.还 hái まだ　27.红 hóng 赤い

3~95

1~13

1 動作の進行表現 "在" + 動詞 +（"呢"）。

① 弟弟 在 唱 歌。
　　Dìdi zài chàng gē.

② 妹妹 写 作业 呢。
　　Mèimei xiě zuòyè ne.

③ 姐姐 在 给 同学 打 电话 呢。
　　Jiějie zài gěi tóngxué dǎ diànhuà ne.

④ 哥哥 在 玩儿 游戏 呢。
　　Gēge zài wánr yóuxì ne.

2 動詞 + "的" + 名詞

① 妈妈 做 的 菜 很 好吃。
　　Māma zuò de cài hěn hǎochī.

② 奶奶 买 的 香蕉 很 贵。
　　Nǎinai mǎi de xiāngjiāo hěn guì.

③ 上课 的 时候 不 能 说 话。
　　Shàngkè de shíhou bù néng shuō huà.

④ 便利店 卖 的 咖啡 很 好喝。
　　Biànlìdiàn mài de kāfēi hěn hǎohē.

3 動詞の直後の "了" と文末の "了"

① 我 吃了 一 个 巧克力 冰激凌。
　　Wǒ chīle yí ge qiǎokèlì bīngjilíng.

② 她 买了 一 个 非常 贵 的 手表。
　　Tā mǎile yí ge fēicháng guì de shǒubiǎo.

③ A: 你 吃 冰激凌 了 吗？　　　B: 我 没 吃。
　　 Nǐ chī bīngjilíng le ma?　　　 Wǒ méi chī.

④ A: 现在 红叶 红 了 吗？　　　B: 还 没 红。
　　 Xiànzài hóngyè hóng le ma?　　 Hái méi hóng.

45

我 去 李 娜 家 的 时候，她 正在 看
Wǒ qù Lǐ Nà jiā de shíhou, tā zhèng zài kàn

暑假 里 拍 的 照片。李 娜 暑假 去了 东京
shǔjià li pāi de zhàopiàn. Lǐ Nà shǔjià qùle Dōngjīng

的 秋叶原。她 说 秋叶原 很 有意思。
de Qiūyèyuán. Tā shuō Qiūyèyuán hěn yǒuyìsi.

李 娜 暑假 没 去 富士山，她 打算 春假 去。
Lǐ Nà shǔjià méi qù Fùshìshān, tā dǎsuan chūnjià qù.

新出語句　短文

1. 正 zhèng ちょうど～している　2. 有意思 yǒuyìsi 面白い

練習

1. 便宜 piányi 安い

8

練 習 問 題

1 音声を聞いて読まれた順番に番号をふりましょう。

a 夏休み　　b 写真　　c 宿題　　d 歌を歌う　　e バナナ
（　　）　　（　　）　　（　　）　　（　　）　　（　　）

2 日本語の意味に合うように（　　）内の語を並び替えましょう。

(1) 兄は電話をしているところです。

（电话 diànhuà／哥哥 gēge／呢 ne／打 dǎ／在 zài）。

_____

(2) 祖母が作った料理はおいしいです。

（好吃 hǎochī／菜 cài／很 hěn／的 de／做 zuò／奶奶 nǎinai）。

_____

(3) 彼は安い腕時計を買いました。

（手表 shǒubiǎo／他 tā／的 de／便宜 piányi／一个 yí ge／买 mǎi／了 le）。

_____

3 次の日本語を中国語に訳しましょう。

(1) 私は宿題をしています。　　　　　　　　　　　　　　　　　　

(2) コンビニで売っているコーヒーは美味しいです。　　　　　　　

(3) 私は夏休み東京へ行きませんでした。　　　　　　　　　　　　

4 次の質問に答えて、隣の人に聞きましょう。

(1) 你 在 干 什么？
Nǐ zài gàn shénme?

(2) 你 暑假 去了 什么 地方？
Nǐ shǔjià qùle shénme dìfang?

(3) 你 妈妈 做 的 菜 好吃 吗？
Nǐ māma zuò de cài hǎochī ma?

5 次の文の下線部を自分自身の言葉で補い、発表してみましょう。

我 暑假 去了 _____。我 在 _____ 给 _____ （だれ）
Wǒ shǔjià qùle _____.　Wǒ zài _____ gěi _____

买了 一 个 礼物。_____ （だれ）很 喜欢 我 买 的 礼物。我 暑假 没 去
mǎile yí ge lǐwù. _____　hěn xǐhuan wǒ mǎi de lǐwù.　Wǒ shǔjià méi qù

_____ （どこ），我 打算 （いつ）_____ 去。
_____,　wǒ dǎsuan _____ qù.

47

你 怎么 戴着 口罩?

Nǐ　zěnme　dàizhe　kǒuzhào?

 鈴木さんが風邪を引いてしまい、李さんは早く医者に診てもらうよう勧めています。

DL 100
CD2-18

会話

李娜: 你 怎么 戴着 口罩, 怎么 了?
Lǐ Nà: Nǐ　zěnme　dàizhe　kǒuzhào, zěnme　le?

铃木: 我 好像 感冒 了, 头 疼, 咳嗽。
Língmù: Wǒ　hǎoxiàng　gǎnmào　le,　tóu　téng,　késou.

李娜: 那, 你 快 去 学校 的 医务室 看 一下 吧。
Lǐ Nà: Nà,　nǐ　kuài　qù　xuéxiào　de　yīwùshì　kàn　yíxià　ba.

铃木: 医务室 现在 还 开着 吧?
Língmù: Yīwùshì　xiànzài　hái　kāizhe　ba?

李娜: 现在 还 开着, 五 点 半 关门。
Lǐ Nà: Xiànzài　hái　kāizhe,　wǔ　diǎn　bàn　guānmén.

DL 99
CD2-17

铃木: 那, 我 先 去 拿 一些 药。
Língmù: Nà,　wǒ　xiān　qù　ná　yìxiē　yào.

新出語句

会話

1.怎么 zěnme どうして　2.戴 dài つける　3.着 zhe 〜ている、〜てある、〜しつつある
4.口罩 kǒuzhào マスク　5.怎么了 zěnme le どうした　6.好像 hǎoxiàng 〜のようだ
7.感冒 gǎnmào 風邪をひく　8.头 tóu 頭　9.疼 téng 痛い　10.咳嗽 késou 咳をする　11.快 kuài 速く
12.医务室 yīwùshì 保健室　13.一下 yíxià ちょっと　14.开 kāi 開く、開ける　15.吧 ba 〜でしょう
16.关 guān 閉める　17.门 mén ドア　18.先 xiān まず　19.拿 ná 取る　20.一些 yìxiē 少し　21.药 yào 薬

ポイント

1.窗户 chuānghu 窓　2.站 zhàn 立つ　3.走 zǒu 歩く　4.讲课 jiǎngkè 講義する
5.听课 tīngkè 授業を受ける　6.沙发 shāfā ソファー　7.躺 tǎng 横になる
8.大阪人 Dàbǎnrén 大阪出身　9.儿子 érzi 息子　10.高中生 gāozhōngshēng 高校生
11.已经 yǐjīng もう、すでに　12.认识 rènshi 知っている　13.女儿 nǚ'ér 娘　14.大象 dàxiàng ゾウ
15.鼻子 bízi 鼻　16.长 cháng 長い　17.眼睛 yǎnjing 目　18.工作 gōngzuò 仕事をする
19.忙 máng 忙しい　20.身体 shēntǐ からだ　21.健康 jiànkāng 健康である

1 状態の持続表現 動詞 ＋ "着"

① 教室 的 门 关着，窗户 开着。
Jiàoshì de mén guānzhe, chuānghu kāizhe.

② 老师 站着 讲课，学生 坐着 听课。
Lǎoshī zhànzhe jiǎngkè, xuésheng zuòzhe tīngkè.

③ 她 每天 走着 上班。
Tā měitiān zǒuzhe shàngbān.

④ 爸爸 在 沙发 上 躺着 看 电视。
Bàba zài shāfā shang tǎngzhe kàn diànshì.

2 "吧" 2 推量を表す

① 你 是 大阪人 吧？
Nǐ shì Dàbǎnrén ba?
—— 对。我 是。
Duì. Wǒ shì.

② 你 儿子 是 高中生 了 吧？
Nǐ érzi shì gāozhōngshēng le ba?
—— 不，他 已经 是 大学生 了。
Bù, tā yǐjīng shì dàxuéshēng le.

③ 你 认识 王 老师 吧？
Nǐ rènshi Wáng lǎoshī ba?
—— 对，我 认识。
Duì, wǒ rènshi.

④ 这 是 你 女儿 吧？
Zhè shì nǐ nǚ'ér ba?
—— 不，她 是 我 姐姐 的 女儿。
Bù, tā shì wǒ jiějie de nǚ'ér.

3 主述述語文 A は B が…。

① 大象 鼻子 很 长。
Dàxiàng bízi hěn cháng.

② 姐姐 眼睛 很 大。
Jiějie yǎnjing hěn dà.

③ 爸爸 工作 很 忙。
Bàba gōngzuò hěn máng.

④ 奶奶 身体 很 健康。
Nǎinai shēntǐ hěn jiànkāng.

我　的　房间　里　放着　一　张　床，一　张
Wǒ　de　fángjiān　li　fàngzhe　yì　zhāng chuáng, yì　zhāng

桌子，　一　把　椅子　和　两　个　书架。我　喜欢
zhuōzi,　yì　bǎ　yǐzi　hé　liǎng　ge　shūjià.　Wǒ　xǐhuan

开着　窗户　睡觉。昨天　天气　很　冷，我　感冒
kāizhe　chuānghu shuìjiào.　Zuótiān　tiānqì　hěn　lěng,　wǒ　gǎnmào

了。我　平时　十二　点　睡觉，今天　想　十点　睡觉。
le.　Wǒ　píngshí　shí'èr　diǎn　shuìjiào, jīntiān　xiǎng　shí diǎn　shuìjiào.

新出語句　短文

1. 房间 fángjiān 部屋　2. 放 fàng 置く　3. 张 zhāng ～床（ベッドを数える量詞）
4. 床 chuáng ベッド　5. 把 bǎ ～脚（椅子を数える量詞）　6. 椅子 yǐzi 椅子　7. 书架 shūjià 本棚
8. 睡觉 shuìjiào 寝る　9. 天气 tiānqì 天気　10. 冷 lěng 寒い　11. 平时 píngshí いつも、普段

練習

1. 吃药 chī yào 薬を飲む

50

9

練 習 問 題

106
2-24

1 音声を聞いて読まれた順番に番号をふりましょう。

a 風邪をひく 　　 b 窓 　　 c 目 　　 d 仕事をする 　　 e 娘
　（　　） 　　　　（　　） 　　（　　） 　　　（　　） 　　　　（　　）

2 日本語の意味に合うように（　　）内の語を並び替えましょう。

⑴ 保健室はいままだ開いていますよね。

（医务室 yīwùshì / 开 kāi / 还 hái / 吧 ba / 现在 xiànzài / 着 zhe）?

....

⑵ 兄は横になりながら本を読んでいます。

（哥哥 gēge / 书 shū / 躺 tǎng / 看 kàn / 着 zhe）。

....

⑶ 彼の息子は高校生になりましたよね。

（儿子 érzi / 他 tā / 高中生 gāozhōngshēng / 吧 ba / 了 le / 是 shì）?

....

3 次の日本語を中国語に訳しましょう。

⑴ 教室のドアは開いています。 ....

⑵ あなたも李先生を知っていますね。 ....

⑶ 私の部屋には本棚が二つ置いてあります。 ....

4 次の質問に答えて、隣の人に聞きましょう。

⑴ 你 感冒 的 时候 吃 药 吗?
Nǐ gǎnmào de shíhou chī yào ma? ....

⑵ 你 房间 里 放着 什么?
Nǐ fángjiān li fàngzhe shénme? ....

⑶ 你 喜欢 躺着 看 手机 吗?
Nǐ xǐhuan tǎngzhe kàn shǒujī ma? ....

5 次の文の下線部を自分自身の言葉で補い、発表してみましょう。

我 的 房间 不 大/很 大。我 的 房间 里 放着 ...., ...,
Wǒ de fángjiān bú dà/hěn dà. Wǒ de fángjiān li fàngzhe ...., ...,

和 ....。我 平时 .... （何時）睡觉。我 喜欢/不 喜欢 开着
hé .... Wǒ píngshí .... shuìjiào. Wǒ xǐhuan/bù xǐhuan kāizhe

窗户 睡觉。
chuānghu shuìjiào.

第10课

我 是 和 社团 的 朋友 一起 去 的。
Wǒ shì hé shètuán de péngyou yìqǐ qù de.

DL 108
CD2-26

李さんと鈴木さんは、鈴木さんの沖縄旅行について話をしています。

会話

李娜: 听说 你 去 冲绳 旅游 了。
Lǐ Nà: Tīngshuō nǐ qù Chōngshéng lǚyóu le.

铃木: 对。去了 四 天，昨天 刚 回来。
Língmù: Duì. Qùle sì tiān, zuótiān gāng huílai.

李娜: 你 是 和 谁 一起 去 的？
Lǐ Nà: Nǐ shì hé shéi yìqǐ qù de?

铃木: 我 是 和 社团 的 朋友 一起 去 的。
Língmù: Wǒ shì hé shètuán de péngyou yìqǐ qù de.

李娜: 你 去 冲绳 为什么 不 告诉 我？
Lǐ Nà: Nǐ qù Chōngshéng wèishénme bú gàosu wǒ?

铃木: 因为 这 是 社团 的 活动，外人 不 能 参加。
Língmù: Yīnwèi zhè shì shètuán de huódòng, wàirén bù néng cānjiā.

DL 107
CD2-25

新出語句

会話

1. 听说 tīngshuō 聞くところによると　2. 冲绳 Chōngshéng 沖縄　3. 旅游 lǚyóu 旅行する
4. 天 tiān ～日　5. 刚 gāng したばかり　6. 回 huí 戻る　7. 社团 shètuán サークル
8. 为什么 wèishénme なぜ　9. 告诉 gàosu 伝える　10. 因为 yīnwèi なぜなら、～なので
11. 活动 huódòng 活動　12. 外人 wàirén 外部の人　13. 参加 cānjiā 参加する

ポイント

1. 楼 lóu ～階　2. 上 shàng 上がる　3. 下 xià 降りる　4. 出 chū 出る　5. 外面 wàimian 外
6. 下雨 xiàyǔ 雨が降る　7. 进 jìn 入る　8. 中国 Zhōngguó 中国　9. 再 zài 再び　10. 爬 pá 登る
11. 次 cì ～回　12. 去年 qùnián 去年　13. 什么时候 shénme shíhou いつ

~111

7~29

1 方向補語　動詞 + 来/去

① 哥哥 从 一 楼 <u>上来</u> 了。
Gēge cóng yī lóu shànglai le.

② 她 在 一 楼 等 你，你 快 <u>下去</u> 吧。
Tā zài yī lóu děng nǐ, nǐ kuài xiàqu ba.

③ 老师 从 教室 里 <u>出来</u> 了。
Lǎoshī cóng jiàoshì li chūlai le.

④ 外面 下雨 了，你 快 <u>进来</u> 吧。
Wàimian xiàyǔ le, nǐ kuài jìnlai ba.

2 数量補語　動詞 + 時量（動量）+（目的語）

① 你 每天 睡 <u>几 个 小时</u>？ —— 睡 <u>六 个 小时</u>。
Nǐ měitiān shuì jǐ ge xiǎoshí? Shuì liù ge xiǎoshí.

② 我 打算 去 中国 旅游 <u>两 个 星期</u>。
Wǒ dǎsuan qù Zhōngguó lǚyóu liǎng ge xīngqī.

③ 我 今天 学习了 <u>两 个 小时</u> 汉语。
Wǒ jīntiān xuéxíle liǎng ge xiǎoshí Hànyǔ.

④ 我 想 再 爬 <u>一 次</u> 富士山。
Wǒ xiǎng zài pá yí cì Fùshìshān.

3 "是～的"構文

① 你 今天 <u>是</u> 几 点 来 <u>的</u>？ —— 我 <u>是</u> 九 点 来 <u>的</u>。
Nǐ jīntiān shì jǐ diǎn lái de? Wǒ shì jiǔ diǎn lái de.

② 你 今天 <u>是</u> 怎么 来 <u>的</u>？ —— 我 <u>是</u> 坐 地铁 来 <u>的</u>。
Nǐ jīntiān shì zěnme lái de? Wǒ shì zuò dìtiě lái de.

③ 这 件 衣服 <u>是</u> 什么 时候 买 <u>的</u>？ —— <u>是</u> 去年 买 <u>的</u>。
Zhè jiàn yīfu shì shénme shíhou mǎi de? Shì qùnián mǎi de.

④ 这 件 衣服 <u>是</u> 在 哪儿 买 <u>的</u>？ —— <u>是</u> 在 东京 买 <u>的</u>。
Zhè jiàn yīfu shì zài nǎr mǎi de? Shì zài Dōngjīng mǎi de.

DL 113
CD2-31

短文

我 和 社团 的 朋友 去 冲绳 旅游 了。
Wǒ hé shètuán de péngyou qù Chōngshéng lǚyóu le.

我们 是 坐 飞机 去 的。 我们 在 冲绳 玩儿了
Wǒmen shì zuò fēijī qù de. Wǒmen zài Chōngshéng wánrle

四 天。 李 娜 也 想 去 冲绳。 但是， 因为
sì tiān. Lǐ Nà yě xiǎng qù Chōngshéng. Dànshì, yīnwèi

这 次 是 社团 的 活动，所以 她 不 能 参加。
zhè cì shì shètuán de huódòng, suǒyǐ tā bù néng cānjiā.

明年 春假 我 想 和 李 娜 再 去 一 次 冲绳。
Míngnián chūnjià wǒ xiǎng hé Lǐ Nà zài qù yí cì Chōngshéng.

DL 112
CD2-30

新出語句 短文

1.飞机 fēijī 飛行機 2.但是 dànshì しかし 3.这次 zhè cì 今回 4.所以 suǒyǐ だから
5.明年 míngnián 来年

54

10

練 習 問 題

1 音声を聞いて読まれた順番に番号をふりましょう。

a 旅行　　　b 参加　　　c 飛行機　　　d 雨が降る　　　e 衣服
（　　）　　（　　）　　（　　）　　　（　　）　　（　　）

2 日本語の意味に合うように（　　）内の語を並び替えましょう。

(1) 彼は部屋から出てきました。

（他 tā / 房间 fángjiān / 从 cóng / 出 chū / 来 lai / 里 li / 了 le）。

_____

(2) 私は中国語を二時間勉強しました。

（我 wǒ / 学习 xuéxí / 汉语 Hànyǔ / 小时 xiǎoshí / 个 ge / 了 le / 两 liǎng）。

_____

(3) 私は友達と一緒に行ったのです。

（朋友 péngyou / 我 wǒ / 去 qù / 是 shì / 一起 yìqǐ / 的 de / 和 hé）。

_____

3 次の日本語を中国語に訳しましょう。

(1) 彼女は一階から上がってきました。　_____

(2) 私はもう一度沖縄へ行きたいです。　_____

(3) 私は今日地下鉄で来たのです。　_____

4 次の質問に答えて、隣の人に聞きましょう。

(1) 你 每天 睡 几 个 小时？
Nǐ měitiān shuì jǐ ge xiǎoshí?

(2) 你 今天 是 几 点 来 的？
Nǐ jīntiān shì jǐ diǎn lái de?

(3) 你 的 衣服 是 在 哪儿 买 的？
Nǐ de yīfu shì zài nǎr mǎi de?

5 次の文の下線部を自分自身の言葉で補い、発表してみましょう。

我 每天 _____（何時）睡觉，_____（何時）起床，我 每天 睡
Wǒ měitiān _____ shuìjiào, _____ qǐchuáng, wǒ měitiān shuì

_____ 个 小时。我 今天 是 _____（何時）来 的 学校。我 是
_____ ge xiǎoshí. Wǒ jīntiān shì _____ lái de xuéxiào. Wǒ shì

_____（どうやって）来 的。我 今天 打算 _____（何時）回去。
_____ lái de. Wǒ jīntiān dǎsuan _____ huíqu.

我 很 想 去 北海道 滑雪。
Wǒ hěn xiǎng qù Běihǎidào huáxuě.

DL 116

CD2-34

李さんと鈴木さんは2人とも北海道へ行ったことがないようです。

会話

李娜： 《北海道 旅游 指南》 你 看完 了 吗？
Lǐ Nà: « Běihǎidào Lǚyóu Zhǐnán » nǐ kànwán le ma?

铃木： 我 还 没 看完， 还 有 一 半儿。
Língmù: Wǒ hái méi kànwán, hái yǒu yí bànr.

李娜： 你 上午 看得完 吗？ 我 也 想 看。
Lǐ Nà: Nǐ shàngwǔ kàndewán ma? Wǒ yě xiǎng kàn.

铃木： 看不完。 你 也 没 去过 北海道 吗？
Língmù: Kànbuwán. Nǐ yě méi qùguo Běihǎidào ma?

李娜： 没 去过。 我 很 想 去 北海道 滑雪。
Lǐ Nà: Méi qùguo. Wǒ hěn xiǎng qù Běihǎidào huáxuě.

铃木： 知道 了。 我 看完 后 马上 给 你。
Língmù: Zhīdào le. Wǒ kànwán hòu mǎshàng gěi nǐ.

DL 115

CD2-33

新出語句

会話

1.北海道 Běihǎidào 北海道　2.指南 zhǐnán ガイド　3.完 wán 終わる　4.一半儿 yí bànr 半分
5.上午 shàngwǔ 午前　6.得 de 動詞と補語の間に置いて可能を表す助詞　7.过 guo ～したことがある
8.滑雪 huáxuě スキー　9.知道 zhīdào わかる　10.后 hòu 後　11.马上 mǎshàng すぐに
12.给 gěi あげる

ポイント

1.音乐会 yīnyuèhuì コンサート　2.票 piào チケット　3.字 zì 字　4.错 cuò 間違い　5.懂 dǒng わかる
6.清水寺 QīngshuǐSì 清水寺　7.上野 Shàngyě 上野　8.动物园 dòngwùyuán 動物園
9.打 dǎ（手で行う球技を）する　10.排球 páiqiú バレーボール　11.韩国 Hánguó 韓国
12.法语 Fǎyǔ フランス語　13.小说 xiǎoshuō 小説

~119

5~37

1 結果補語 　動詞 1 ＋ 動詞 2／形容詞（結果補語）

① 你 说完 了 吗？ —— 说完 了。
　Nǐ shuōwán le ma? 　　　　Shuōwán le.

② 你 买到 音乐会 的 票 了 吗？ —— 没 买到。
　Nǐ mǎidào yīnyuèhuì de piào le ma? 　　　Méi mǎidào.

③ 这个 字 你 写错 了。
　Zhège zì nǐ xiěcuò le.

④ 今天 的 课 我 都 听懂 了。
　Jīntiān de kè wǒ dōu tīngdǒng le.

2 経験を表す表現 　動詞 ＋ "过"

① 我 去过 清水寺。
　Wǒ qùguo QīngshuǐSì.

② 我 没 去过 上野 动物园。
　Wǒ méi qùguo Shàngyě Dòngwùyuán.

③ 他 没 打过 排球。
　Tā méi dǎguo páiqiú.

④ 姐姐 看过 两 次 韩国 电影。
　Jiějie kànguo liǎng cì Hánguó diànyǐng.

3 可能補語 　動詞 1 ＋ "得／不" ＋ 結果補語／方向補語

① A：你 今天 写得完 英语 作业 吗？
　　Nǐ jīntiān xiědewán Yīngyǔ zuòyè ma?

　B：我 今天 写不完 英语 作业。
　　Wǒ jīntiān xiěbuwán Yīngyǔ zuòyè.

② A：你 看得懂 这 本 法语 小说 吗？
　　Nǐ kàndedǒng zhè běn Fǎyǔ xiǎoshuō ma?

　B：我 看不懂 这 本 法语 小说。
　　Wǒ kànbudǒng zhè běn Fǎyǔ xiǎoshuō.

短文

我 和 李 娜 都 没 去过 北海道，我们
Wǒ hé Lǐ Nà dōu méi qùguo Běihǎidào, wǒmen

都 很 想 去。我 想 去 品尝 美食，李 娜 想
dōu hěn xiǎng qù. Wǒ xiǎng qù pǐncháng měishí, Lǐ Nà xiǎng

去 滑雪。我 买了 一 本 介绍 北海道 的 书。
qù huáxuě. Wǒ mǎile yì běn jièshào Běihǎidào de shū.

李 娜 也 想 看。这 本 书 我 今天 上午
Lǐ Nà yě xiǎng kàn. Zhè běn shū wǒ jīntiān shàngwǔ

看不完，我 打算 下午 看完 后 给 她。
kànbuwán, wǒ dǎsuan xiàwǔ kànwán hòu gěi tā.

新出語句 短文

1.品尝 pǐncháng 試食する、味わう　2.美食 měishí グルメ　3.介绍 jièshào 紹介する
4.下午 xiàwǔ 午後

練習

1.风景 fēngjǐng 風景　2.博物馆 bówùguǎn 博物館

11

練 習 問 題

122

2-40

1 音声を聞いて読まれた順番に番号をふりましょう。

a スキー   b 午後   c 小説   d 韓国   e 午前

  （   ）   （   ）   （   ）   （   ）   （   ）

2 日本語の意味に合うように（   ）内の語を並び替えましょう。

(1) 今日の授業、私は全部聞き取れました。

（我 wǒ / 课 kè / 今天 jīntiān / 听 tīng / 都 dōu / 懂 dǒng / 的 de / 了 le）。

_____

(2) 私は午前でこの本を読み終えることができません。

（我 wǒ / 书 shū / 这 zhè / 上午 shàngwǔ / 不 bù / 本 běn / 完 wán / 看 kàn）。

_____

(3) 私はフランス映画を二回見たことがあります。

（法国 Fǎguó / 我 wǒ / 电影 diànyǐng / 两 liǎng / 过 guo / 次 cì / 看 kàn）。

_____

3 次の日本語を中国語に訳しましょう。

(1) 私はこのコンサートのチケットを買えませんでした。 _____

(2) 私も北海道へ行ったことがありません。 _____

(3) 私は今日英語の宿題をやり終えることができません。 _____

4 次の質問に答えて、隣の人に聞きましょう。

(1) 今天 的 课 你 听懂 了 吗？
Jīntiān de kè nǐ tīngdǒng le ma? _____

(2) 你 去过 上野动物园 吗？
Nǐ qùguo ShàngyěDòngwùyuán ma? _____

(3) 你 看得懂 法语 小说 吗？
Nǐ kàndedǒng Fǎyǔ xiǎoshuō ma? _____

5 次の文の下線部を自分自身の言葉で補い、発表してみましょう。

我 还 没 去过 _____，_____ 的 美食/风景/博物馆 很 有名，
Wǒ hái méi qùguo _____, _____ de měishí/fēngjǐng/bówùguǎn hěn yǒumíng,

我 很 想 去 一次。我 打算 _____（いつ）_____（手段）去。
wǒ hěn xiǎng qù yí cì. Wǒ dǎsuan _____ _____ qù.

我 打算 去 _____ 天（滞在期間）。
Wǒ dǎsuan qù _____ tiān.

第12课

王 老师 教 我们 汉语。
Wáng lǎoshī jiāo wǒmen Hànyǔ.

DL 124

CD2-42

李さんと鈴木さんは、鈴木さんの中国語学習事情について話をしています。

会話

李娜：　你　现在　汉语　说得　真　好！
Lǐ Nà:　Nǐ　xiànzài　Hànyǔ　shuōde　zhēn　hǎo!

铃木：　谢谢！我　说得　还　不　行。
Língmù:　Xièxie!　Wǒ　shuōde　hái　bù　xíng.

李娜：　你　太　谦虚　了。谁　教　你们　汉语？
Lǐ Nà:　Nǐ　tài　qiānxū　le.　Shéi　jiāo　nǐmen　Hànyǔ?

铃木：　王　老师　教　我们　汉语。
Língmù:　Wáng　lǎoshī　jiāo　wǒmen　Hànyǔ.

李娜：　王　老师　怎么样？严　吗？
Lǐ Nà:　Wáng　lǎoshī　zěnmeyàng?　Yán　ma?

铃木：　很　严。她　总是　让　我们　背　课文。
Língmù:　Hěn　yán.　Tā　zǒngshì　ràng　wǒmen　bèi　kèwén.

DL 123

CD2-41

新出語句

会話

1. 得 de 様態補語を導く助詞　2. 真 zhēn 本当に　3. 好 hǎo よい　4. 谢谢 xièxie ありがとう
5. 不行 bù xíng ダメ　6. 太～了 tài~le ～過ぎる　7. 谦虚 qiānxū 謙虚　8. 教 jiāo 教える
9. 怎么样 zěnmeyàng どうですか　10. 严 yán 厳しい　11. 总是 zǒngshì いつも
12. 让 ràng ～させる　13. 背 bèi 暗唱する　14. 课文 kèwén 教科書の本文

ポイント

1. 历史 lìshǐ 歴史　2. 问 wèn 問う　3. 问题 wèntí 問題　4. 秘密 mìmì 秘密　5. 打扫 dǎsǎo 掃除する
6. 办公室 bàngōngshì 事務室　7. 酒 jiǔ 酒　8. 用 yòng 使う　9. 电脑 diànnǎo パソコン
10. 早 zǎo 早い　11. 跑 pǎo 走る

1 二重目的語　主語 ＋ 動詞 ＋ 目的語₁ ＋ 目的語₂

① 刘 老师 教 我们 历史。
　Liú lǎoshī jiāo wǒmen lìshǐ.

② 我 想 问 老师 一 个 问题。
　Wǒ xiǎng wèn lǎoshī yí ge wèntí.

③ 爷爷 给 我 一 个 礼物。
　Yéye gěi wǒ yí ge lǐwù.

④ 我 告诉 你 一 个 秘密。
　Wǒ gàosu nǐ yí ge mìmì.

2 使役表現　A ＋ "让" ＋ B ＋ 動詞

① 妈妈 让 我 打扫 房间。
　Māma ràng wǒ dǎsǎo fángjiān.

② 老师 让 你 去 办公室。
　Lǎoshī ràng nǐ qù bàngōngshì.

③ 爸爸 不 让 我 喝 酒。
　Bàba bú ràng wǒ hē jiǔ.

④ 姐姐 不 让 我 用 她 的 电脑。
　Jiějie bú ràng wǒ yòng tā de diànnǎo.

3 様態補語　主語 ＋（話題＜動詞 ＋ 目的語＞）＋ 動詞 ＋ "得" ＋ 評価

① 她 今天 来得 很 早。
　Tā jīntiān láide hěn zǎo.

② 我 跑得 不 快。
　Wǒ pǎode bú kuài.

③ 她 （说） 汉语 说得 很 好。
　Tā shuō Hànyǔ shuōde hěn hǎo.

④ 我 唱 歌 唱得 不太 好。
　Wǒ chàng gē chàngde bútài hǎo.

61

我 很 喜欢 学习 汉语。 但是, 我 汉语
Wǒ hěn xǐhuan xuéxí Hànyǔ. Dànshì, wǒ Hànyǔ

说得 还 不太 好。 王 老师 教 我们 汉语。
shuōde hái bútài hǎo. Wáng lǎoshī jiāo wǒmen Hànyǔ.

王 老师 的 课 非常 有意思, 她 对 我们 也
Wáng lǎoshī de kè fēicháng yǒuyìsi, tā duì wǒmen yě

很 好, 我们 都 非常 喜欢 王 老师。 明年 我
hěn hǎo, wǒmen dōu fēicháng xǐhuan Wáng lǎoshī. Míngnián wǒ

还 想 继续 学习 汉语。
hái xiǎng jìxù xuéxí Hànyǔ.

DL 128
CD2-46

新出語句 短文

1.对 duì ～に対して 2.还 hái さらに、また 3.继续 jìxù 継続する

練習

1.韩语 Hányǔ 韓国語 2.德语 Déyǔ ドイツ語

12

練 習 問 題

130
2-48

1 音声を聞いて読まれた順番に番号をふりましょう。

a 面白い　　　b 歴史　　　c 秘密　　　d 問題　　　e 事務室
（　　）　　（　　）　　（　　）　　（　　）　　（　　）

2 日本語の意味に合うように（　　）内の語を並び替えましょう。

(1) 私は彼に一つ質問をしたいです。

（我 wǒ ／ 他 tā ／ 问题 wèntí ／ 问 wèn ／ 一个 yí ge ／ 想 xiǎng）。

_____

(2) 兄は私に彼のパソコンを使わせてくれません。

（我 wǒ ／ 哥哥 gēge ／ 电脑 diànnǎo ／ 让 ràng ／ 他的 tā de ／ 用 yòng ／ 不 bù）。

_____

(3) 彼は歌を歌うのがじょうずではありません。

（他 tā ／ 唱歌 chàng gē ／ 不 bù ／ 唱 chàng ／ 好 hǎo ／ 得 de）。

_____

3 次の日本語を中国語に訳しましょう。

(1) 劉先生は私たちに中国語を教えます。　_____

(2) 姉は私を彼女の部屋に行かせてくれません。　_____

(3) 彼女は中国語を話すのが上手です。　_____

4 次の質問に答えて、隣の人に聞きましょう。

(1) 你 爸爸 让 你 喝 酒 吗？
Nǐ bàba ràng nǐ hē jiǔ ma?　_____

(2) 英语课 有意思 吗？　＊（面白くない：没意思 méiyìsi）
Yīngyǔkè yǒuyìsi ma?　_____

(3) 你 汉语 说得 好 吗？
Nǐ Hànyǔ shuōde hǎo ma?　_____

5 次の文の下線部を自分自身の言葉で補い、発表してみましょう。

我 很 喜欢 学习 汉语／英语／法语／韩语／德语。_____ 老师 教 我们
Wǒ hěn xǐhuan xuéxí Hànyǔ/Yīngyǔ/Fǎyǔ/Hányǔ/Déyǔ. _____ lǎoshī jiāo wǒmen

_____。他／她 总是 让 我们 _____。我 _____（何语）说得
_____. Tā zǒngshì ràng wǒmen _____. Wǒ _____ shuōde

_____。我 明年 还 想 继续 学习 _____。
_____. Wǒ míngnián hái xiǎng jìxù xuéxí _____.

発 展 練 習 問 題

DL 131

CD2-49

1 次の単語の音声を聞いた後、発音して覚えましょう。

小学生
xiǎoxuéshēng
小学生

初中生
chūzhōngshēng
中学生

高中生
gāozhōngshēng
高校生

大学生
dàxuéshēng
大学生

公司职员
gōngsīzhíyuán
サラリーマン

兼职人员
jiānzhírényuán
パートタイム

家庭主妇
jiātíngzhǔfù
専業主婦

老师
lǎoshī
先生

2 次の日本語を中国語に訳しましょう。

① 私たちは高校生ではありません。

② 誰が先生ですか。

③ 彼はサラリーマンです。

④ 彼女は専業主婦です。

3 イラストの人物の名前、国籍、身分を紹介しましょう。

A

木下惠子 Mùxià Huìzǐ
日本人 Rìběnrén
大学生 dàxuéshēng
法律 fǎlù

B

王力宏 Wáng Lìhóng
中国人 Zhōngguórén
老师 lǎoshī
经济 jīngjì

例：她姓田中，叫田中花子。她是日本人，她是大学生，她的专业是文学。

練習　A

　　　B

4 1と3を参考にして自分の家族の名前と身分を紹介しましょう。

我 的 爸爸 / 妈妈 / 哥哥 / 姐姐 / 弟弟 / 妹妹 ⃝。
Wǒ de　bàba / māma / gēge / jiějie / dìdi / mèimei

発 展 練 習 問 題

1 次の単語の音声を聞いた後、発音して覚えましょう。

132

02-50

天妇罗
tiānfùluó
てんぷら

生鱼片
shēngyúpiàn
刺身

烤鸡肉串儿
kǎojīròuchuànr
やきとり

寿司
shòusī
寿司

可乐
kělè
コーラ

咖啡
kāfēi
コーヒー

矿泉水
kuàngquánshuǐ
ミネラルウォーター

抹茶
mǒchá
抹茶

2 次の日本語を中国語に訳しましょう。

① これはあなたのコーヒーですか。

② 彼は刺身を食べません。

③ あなたも寿司を食べますか。

④ 彼はコーラを飲みます、あなたは。

3 イラストの人物が、何を食べて、何を飲もうとしているのか中国語で表現しましょう。

A
1. 铃木 Língmù
2. 生鱼片 shēngyúpiàn
3. 天妇罗 tiānfùluó

B
1. 李娜 Lǐ Nà
2. ※珍珠奶茶 zhēnzhūnǎichá
3. 可乐 kělè

※タピオカミルクティー

例：这是乌冬面，那是拉面。我不吃乌冬面，我吃拉面。田中也吃拉面。
　　　　２　　　　　３　　　　　　　　　　　　　　　　　　１

※拉面 lāmiàn：ラーメン

練習　A _____

　　　B _____

4 1と3を参考にして、日本の食べ物と飲み物を中国の友人に紹介し、何を食べるか尋ねましょう。

这 是 _____。(食べ物) 那 是 _____。(飲み物) 我 吃 _____, 喝 _____。
Zhè shì _____.　　　　　　 Nà shì _____.　　　　　 Wǒ chī _____, hē _____.

你 吃 _____?
Nǐ chī _____?

発 展 練 習 問 題

DL 133
CD2-51

1 次の単語の音声を聞いた後、発音して覚えましょう。

东京 Dōngjīng

人形烧
rénxíngshāo
人形焼き

大阪 Dàbǎn

烤章鱼丸
kǎozhāngyúwán
たこ焼き

福岛 Fúdǎo

喜多方拉面
Xǐduōfāng lāmiàn
喜多方ラーメン

广岛 Guǎngdǎo

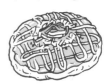

广岛烧
Guǎngdǎoshāo
お好み焼き

福冈 Fúgāng

牛杂火锅
niúzá huǒguō
もつ鍋

冲绳 Chōngshéng

冲绳猪肉拉面
Chōngshéng zhūròu lāmiàn
ソーキそば

名古屋 Mínggǔwū

味噌煮乌冬面
wèicēng zhǔ wūdōngmiàn
味噌煮込みうどん

北海道 Běihǎidào

三文鱼籽盖饭
sānwényúzǐ gàifàn
イクラ丼

2 次の日本語を中国語に訳しましょう。

① 私は東京へ行きたくありません。 ....

② 私たちは福岡へ行きましょう。 ....

③ 彼はもつ鍋を食べたいです。 ....

④ 彼女らは明日名古屋へ買い物に行きます。 ....

3 イラストの人物の出身と旅行先について紹介しましょう。

A
1. 铃木 Língmù
2. 神户人 Shénhùrén
3. 大阪 Dàbǎn

B
1. 木下 Mùxià
2. 东京人 Dōngjīngrén
3. 北海道 Běihǎidào

例： 田中是京都人，她想明天去广岛。广岛的特色美食是广岛烧。
　　 ‾1‾　 ‾‾2‾‾　　　　　　‾‾‾3‾‾‾　　　　　　　‾‾‾‾‾‾

※特色美食 tèsè měishí 特色のある料理

練習　A ....

　　　 B ....

4 1と3を参考にして、中国の友人を日本の観光地へ誘ってみましょう。

.... (場所)有 很 多 名胜古迹。........................ (食べ物)是 .... (場所)
　　　　　　　　　yǒu hěn duō míngshèng gǔjì.　　　　　　　　shì

的 特色 美食。我们 后天 去 .... 吃 .... 吧。※很多：たくさん
de　tèsè měishí. Wǒmen hòutiān qù　　　　　　chī　　　　　　ba.　　名胜古迹：名所旧跡

発 展 練 習 問 題

1 次の単語の音声を聞いた後、発音して覚えましょう。

134

2-52

春天　　　　夏天　　　　秋天　　　　冬天
chūntiān　　xiàtiān　　qiūtiān　　dōngtiān
春　　　　　夏　　　　　秋　　　　　冬

暖和　　　　热　　　　凉快　　　　冷
nuǎnhuo　　rè　　liángkuai　　lěng
暖かい　　　暑い　　　すずしい　　寒い

2 次の日本語を中国語に訳しましょう。

① 広島の夏は暑いです。

② 大阪が寒いですか、それとも京都が寒いですか。

③ 東京の春は暖かいです。

④ 沖縄の秋は涼しいですか。

3 イラストを参考に、場所の気候を説明しましょう。

A 　　1. 横浜 Héngbīn
　　　　　凉快 liángkuai
　　　　2. ※ 镰仓 Liáncāng
　　　　　热 rè　　※鎌倉

B 　　1. 博多 Bóduō
　　　　　暖和 nuǎnhuo
　　　　2. ※ 小仓 Xiǎocāng
　　　　　冷 lěng　　※小倉

例：大阪明天很暖和，※天气很好。京都明天很冷，天气也不好。我们去大阪吧。
　1　　　　　　　　　　　　　　2
　　　　　　　　　　　　　　　　　　　　　　　　※天气 tiānqì：天気

練習　A

　　　B

4 1と3を参考にして、中国の友人に明日の天気を説明して、明日の行き先を決めましょう。

＿＿＿＿（場所）明天＿＿＿＿（天気），天气＿＿＿＿（気候がいいかどうか）。
　　　　　　　　míngtiān　　　，　　tiānqì

＿＿＿＿（場所）明天＿＿＿＿（天気），天气＿＿＿＿（気候）。我们 去＿＿＿＿吧。
　　　　　　　　míngtiān　　　，　　tiānqì　　.　　Wǒmen qù　　　ba.

67

発 展 練 習 問 題

1 次の単語の音声を聞いた後、発音して覚えましょう。

DL 135
CD2-53

衬衫
chènshān
シャツ

T恤衫
Txùshān
T シャツ

裙子
qúnzi
スカート

裤子
kùzi
ズボン

耳环
ěrhuán
イヤリング

运动鞋
yùndòngxié
スニーカー

手表
shǒubiǎo
腕時計

相机
xiàngjī
カメラ

2 次の日本語を中国語に訳しましょう。

① Tシャツはシャツより高いです。（※高い：贵 guì）

② このスニーカーはいくらですか。

③ このスカートは 50 元です。（※スカートの量詞：条 tiáo）

④ 腕時計はカメラほど高くないです。

3 イラストを参考に、年齢を比較しましょう。

A
1. 木下 Mùxià
  二十岁 èrshí suì
2. 田中 Tiánzhōng
  十八岁 shíbāsuì

B
1. 裤子 kùzi
  九十块 jiǔshí kuài
2. 衬衫 chènshān
  六十五块 liùshiwǔ kuài

例：哥哥二十三岁，弟弟二十岁，哥哥比弟弟大三岁。
 1   2

練習 A _____

   B _____

4 1と3を参考にして、プレゼントを買う計画を発表しましょう。

我 的 好 朋 友 ＿＿＿（名前）的 生 日 是 ＿＿＿。今年 的 生日 礼物
Wǒ de hǎo péngyou ＿＿＿, de shēngri shì ＿＿＿. Jīnnián de shēngri lǐwù

她/他 想 要 ＿＿＿。这个 店 的 ＿＿＿（プレゼント）比 那 个 店 贵。 ※店：お店
tā xiǎng yào ＿＿＿. Zhège diàn de ＿＿＿ bǐ nàge diàn guì.

我 明天 去 那 个 店 买。
Wǒ míngtiān qù nàge diàn mǎi.

68

発 展 練 習 問 題

1 次の単語の音声を聞いた後、発音して覚えましょう。

🎧 136
⊚ 02-54

大阪环球影城
Dàbǎn Huánqiúyǐngchéng
ユニバーサルスタジオ

东京迪士尼海洋乐园
Dōngjīng Díshìní Hǎiyáng Lèyuán
東京ディズニーシー

东京迪士尼乐园
Dōngjīng Díshìní Lèyuán
東京ディズニーランド

豪斯登堡
Háosīdēngbǎo
ハウステンボス

长岛温泉乐园
Chángdǎo Wēnquán Lèyuán
ナガシマスパーランド

富士急游乐园
Fùshìjí Yóu lèyuán
富士急ハイランド

三丽欧彩虹乐园
Sānlì'ōu Cǎihóng Lèyuán
サンリオピューロランド

日光江户村
Rìguāng Jiānghùcūn
日光江戸村

2 次の日本語を中国語に訳しましょう。

① 富士急ハイランドはどこですか。

② ユニバーサルスタジオジャパンは東京から遠いです。

③ 大阪から東京ディズニーランドまで3時間半かかります。

④ 私たちは車で日光江戸村へ行きます。

3 イラストを参考に、場所の気候を説明しましょう。

A
1. 东京迪士尼乐园
　　Dōngjīng Díshìní Hǎiyáng Lèyuán
2. 东京 Dōngjīng
3. 京都 Jīngdū
4. 坐电车要三个小时
　　zuò diànchē yào sān ge xiǎoshí

B

1. 长岛温泉乐园
　　Chángdǎo Wēnquán Lèyuán
2. 三重 Sānchóng
3. 东京 Dōngjīng
4. 开车要三个半小时
　　kāichē yào sān ge bàn xiǎoshí

例: <u>大阪环球影城</u>在<u>大阪</u>。从<u>东京</u>到那里[※]<u>坐电车要三个半小时</u>。　※那里 nàli：あそこ
　　　1　　　　　　　　　2　　　3　　　　　4

練習　A _____

　　　B _____

4 1と3を参考にして、中国の友人をテーマパークへ誘ってみましょう。　※这儿：ここ　那儿：あそこ

_____（テーマパーク）在 _____。　离 _____（出発地）很 远/不 远。从
　　　　　　　　　　　　　zài　　　　　　　　　　　　lí　　　　　　　　　　hěn yuǎn/bù yuǎn. Cóng

这儿 到 那儿 _____（手段）要 _____。我们 _____（いつ）_____（手段）去 吧。
zhèr dào nàr　　　　　　　　yào　　　　　　Wǒmen　　　　　　　　　　　　　　　qù ba.

発 展 練 習 問 題

1 次の単語の音声を聞いた後、発音して覚えましょう。

DL 137
CD2-55

东京晴空塔
Dōngjīng Qíngkōngtǎ
東京スカイツリー

道顿崛
Dàodùnkū
道頓堀

清水寺
Qīngshuǐ Sì
清水寺

奈良公园
Nàiliáng Gōngyuán
奈良公園

宫岛
Gōng Dǎo
宮島

首里城
Shǒulǐ Chéng
首里城

名古屋城
Mínggǔwū Chéng
名古屋城

旭山动物园
Xùshān Dòngwùyuán
旭山動物園

2 次の日本語を中国語に訳しましょう。

① 清水寺は京都にあります。

② 奈良公園にはたくさんの鹿がいます。(※鹿：鹿 lù)

③ 首里城の中ではタバコを吸うことができません。

3 イラストを参考に、人物の出身と観光スポットついて紹介しましょう。

A　　　1. 铃木 Língmù
　　　　2. 奈良 Nàiliáng
　　　　3. 奈良公园
　　　　　　Nàiliáng Gōngyuán

B 　1. 田中 Tiánzhōng
　　　　2. 名古屋 Mínggǔwū
　　　　3. 名古屋城
　　　　　　Mínggǔwū Chéng

例：佐藤家在东京，他家西边儿有一个很有名的寺庙。那个寺庙叫浅草寺。
　　1　　2
　　　　　　　　　　　　　　　　　　※寺庙 sìmiào 寺、浅草寺 Qiǎncǎo Sì 浅草寺
　　　　　　　　　　　　　　　　　　　　　　　　　　3

練習　A _____

　　　B _____

4 1と3を参考にして、中国の友人に自分の故郷の有名な観光スポットを紹介しましょう。

我 家 在 _____。我 家 _____ 有 一 个 很 有 名 的 _____, 那个
Wǒ jiā zài _____. Wǒ jiā _____ yǒu yí ge hěn yǒumíng de _____, nàge

_____ 叫 _____。我 会/不 会 开车，我们 _____ (移動手段) 去 那里
_____ jiào _____. Wǒ huì/bú huì kāichē, wǒmen _____ qù nàli

玩儿 吧。　※玩儿：遊ぶ
wánr ba.

発展練習問題

1 次の単語の音声を聞いた後、発音して覚えましょう。

L 138

O2-56

《航海王》
Hánghǎiwáng
ワンピース

『ONE PIECE』© 尾田栄一郎／集英社

《鬼灭之刃》
Guǐmiè zhī rèn
鬼滅の刃

『鬼滅の刃』© 吾峠呼世晴／集英社

《樱桃小丸子》
Yīngtáo Xiǎowánzǐ
ちびまる子ちゃん

『ちびまる子ちゃん』© さくらプロダクション

《名侦探柯南》
Míngzhēntàn Kēnán
名探偵コナン

『名探偵コナン』© 青山剛昌／小学館

《机器猫》
Jīqìmāo
ドラえもん

『ドラえもん』© 藤子プロ／小学館

《蜡笔小新》
Làbǐ Xiǎoxīn
クレヨンしんちゃん

『クレヨンしんちゃん』© 臼井儀人／双葉社

2 次の日本語を中国語に訳しましょう。

① 姉は昨日『ドラえもん』を見てません。　...

② 弟は『名探偵コナン』を二冊買いました。　...

③ これは兄が買った漫画です。(※漫画 mànhuà マンガ)　...

3 イラストを参考に、何の漫画を買ったのか紹介しましょう。

A

1. 铃木 Língmù
2. 前天 qiántiān
3. 《蜡笔小新》
　 Làbǐ Xiāoxīn

B

1. 田中 Tiánzhōng
2. 昨天 zuótiān
3. 《樱桃小丸子》
　 Yīngtáo Xiǎowánzǐ

例: 佐藤昨天买了两本漫画。他现在在看昨天买的漫画。
　 1, 2　　　　　　　3　　　　　　　2

練習　A ....

　　　B ....

4 1と3を参考にして、中国の友人に自分が好きな漫画を紹介しましょう。

我 非常 喜欢 看 漫画。我 最 喜欢 的 漫画 是 ....。 这个
Wǒ fēicháng xǐhuan kàn mànhuà. Wǒ zuì xǐhuan de mànhuà shì .... Zhège

漫画 的 作者 是 ....。 他/她 画 的 漫画 都 很 有意思。 你 喜欢
mànhuà de zuòzhě shì .... Tā huà de mànhuà dōu hěn yǒuyìsi.　 Nǐ xǐhuan

看 的 漫画 是 什么?
kàn de mànhuà shì shénme?

※作者：作者、画：描く

第 9 课

発展練習問題

DL 139
CD2-57

1 次の単語の音声を聞いた後、発音して覚えましょう。

发烧 fāshāo 熱が出る

呕吐 ǒutù 吐き気

肚子疼 dùzi téng 腹痛

眼干 yǎn gān ドライアイ

退烧药 tuìshāo yào 解熱剤

止吐药 zhǐtù yào 吐き気止め

止疼药 zhǐténg yào 痛み止め

眼药水 yǎnyàoshuǐ 目薬

2 次の日本語を中国語に訳しましょう。

① 彼女は熱がでました。

② あの薬局はまだあいています。(※薬局：药店 yàodiàn)

③ 彼は痛み止めを飲みましたよね。

3 イラストを参考に、人物の症状と手当の方法を説明しましょう。

A
1. 铃木 Língmù
2. 发烧 fāshāo
3. 贴冰凉贴 tiē bīngliángtiē 冷えピタを貼る

B
1. 李娜 Lǐ Nà
2. 受伤 shòushāng 怪我をする
3. 贴创可贴 tiē chuàngkětiē 絆創膏を貼る

例：佐藤肚子疼，他吃了止疼药。
　　1, 2　　　　3

練習　A

　　　B

4 中国の友人の具合が悪いようです。気遣いの言葉をかけてあげましょう。

你 感冒 了 吧？ 　　　　　　吗 (病状)？ 你 有 药 吗？ 如果 你
Nǐ gǎnmào le ba?　　　　　　ma?　　　Nǐ yǒu yào ma?　Rúguǒ nǐ

没有，现在 药店 还 开着。我 去 给 你 买 药 吧。　※如果：もし
méiyǒu, xiànzài yàodiàn hái kāizhe. Wǒ qù gěi nǐ mǎi yào ba.

発 展 練 習 問 題

1 次の単語の音声を聞いた後、発音して覚えましょう。

L 140

02-58

热海温泉
Rèhǎi Wēnquán
熱海温泉

别府温泉
Biéfǔ Wēnquán
別府温泉

那须温泉
Nàxū Wēnquán
那須温泉

草津温泉
Cǎojīn Wēnquán
草津温泉

鬼怒川温泉
Guǐnùchuān Wēnquán
鬼怒川温泉

函馆温泉
Hánguǎn Wēnquán
函館温泉

白浜温泉
Báibāng Wēnquán
白浜温泉

伊东温泉
Yīdōng Wēnquán
伊東温泉

2 次の日本語を中国語に訳しましょう。

① 私は去年熱海温泉に行ったのです。

② 私たちは電車で草津温泉へ行ったのです。

③ 彼は温泉から上がってきました。

3 イラストを参考に、いつ、どのように温泉へ行ったか説明しましょう。

A
1. 铃木 Língmù
2. 去年 qùnián
3. 开车去白浜温泉
   kāichē qù Báibāng Wēnquán

B
1. 李娜 Lǐ Nà
2. 今年 jīnnián
3. 坐飞机去函馆温泉
   zuò fēijī qù Hánguǎn Wēnquán

例：佐藤是昨天去的别府温泉。她是坐地铁去的。
　　1　　　2,3　　　　　　　　　　3

練習　A

　　　B

4 1と3を参考にして、中国の友人に自分が好きな温泉を薦めましょう。

很 多 日本人 都 很 喜欢 泡 温泉。我 最 喜欢 的 温泉 是 ＿＿＿＿＿＿。
Hěn duō Rìběnrén dōu hěn xǐhuan pào wēnquán. Wǒ zuì xǐhuan de wēnquán shì ＿＿＿＿＿＿.

＿＿＿＿ 在 ＿＿＿＿ (場所)。我 去了 ＿＿＿＿ (いった回数)
　　　　zài ＿＿＿＿.　　Wǒ qùle ＿＿＿＿

＿＿＿＿ (温泉の名前)。我们 寒假 一起 去 吧。 ※泡：つかる、寒假：冬休み
＿＿＿＿.　　　　　　Wǒmen hánjià yìqǐ qù ba.

発 展 練 習 問 題

DL 141

CD2-59

1 次の単語の音声を聞いた後、発音して覚えましょう。

冰箱
bīngxiāng
冷蔵庫

洗衣机
xǐyījī
洗濯機

电饭煲
diànfànbāo
炊飯器

微波炉
wéibōlú
電子レンジ

吸尘器
xīchénqì
掃除機

加湿器
jiāshīqì
加湿器

空调
kōngtiáo
エアコン

吹风机
chuīfēngjī
ドライヤー

2 次の日本語を中国語に訳しましょう。

① 彼は炊飯器を買い間違いました。

② 私は冷蔵庫を買ったことがありません。

③ この電子レンジの説明書、私は読めません。　※説明書：说明书 shuōmíngshū

3 イラストを参考に、買い物の状況を紹介しましょう。

A
1. 手机 shǒujī
2. 铃木 Língmù
3. 山田电机 Shāntián Diànjī
　ヤマダ電機

B
1. 电饭煲 diànfànbāo
2. 李娜 Lǐ Nà
3. 比酷相机 Bǐkù Xiàngjī
　ビックカメラ

例：这种洗衣机非常有人气。佐藤今天去友都八喜买这种洗衣机，她没买到。
※种 zhǒng：種類、有人气 yǒu rénqì：人気がある、友都八喜 Yǒudōubāxǐ：ヨドバシカメラ

練習　A

　　　 B

4 1と3を参考にして、中国の友人に日本の電気屋を紹介しましょう。

　　　　　　　　　　 东西 很 多。你 想 买 的 东西 在 那里 都 能 买到。
　　　　　　　　　　 dōngxi hěn duō.　Nǐ xiǎng mǎi de dōngxi zài nàli dōu néng mǎidào.

我 的 　　　　　　　、　　　　　　、和 　　　　　　　 都 是 在 那里 买 的。
Wǒ de 　　　　　　、　　　　　hé 　　　　　　　 dōu shì zài　nàli　mǎi de.

発展練習問題

L 142

D2-60

1 次の単語の音声を聞いた後、発音して覚えましょう。

白色恋人饼干
Báisèliànrén Bǐnggān
白い恋人

京都抹茶
Jīngdū Mǒchá
京都抹茶

东京香蕉
Dōngjīng Xiāngjiāo
東京ばな奈

鳗鱼酥
Mányú Sū
うなぎパイ

赤福年糕
Chìfú Niángāo
赤福餅

枫叶馒头
Fēngyè Mántou
もみじ饅頭

博多通馒头
Bóduōtōng Mántou
博多通りもん

青森苹果派
Qīngsēn Píngguǒpài
気になるリンゴ

2 次の日本語を中国語に訳しましょう。

① 私の中国の友達は私に白い恋人を買うように言っています。

....

② 姉は私にうなぎパイをくれました。 ....

③ 母は私に赤福餅をたべさせません。 ....

3 イラストを参考に、買い物の状況を紹介しましょう。

A

1. 木下 Mùxià
2. 静冈 Jìnggāng 静岡
3. 鳗鱼酥 Mányú Sū

B

1. 李娜 Lǐ Nà
2. 广岛 Guǎngdǎo
3. 枫叶馒头 Fēngyè Mántou

例：田中昨天去北海道了，她今天给了佐藤一盒※白色恋人饼干。　※盒 hé：はこ
　　1　　　　2　　　　　　　　　　　　　　　　　3

練習　A ....

　　　B ....

4 1と3を参考にして、中国の友人に自分が好きなお菓子を紹介しましょう。

日本 有 很 多 好吃 的 点心※。我 最 喜欢 的 点心 是 ....。
Rìběn yǒu hěn duō hǎochī de diǎnxīn. Wǒ zuì xǐhuan de diǎnxīn shì ....

.... 很 甜※/不 太 甜。这 种 点心 有点儿※ 贵/不 太 贵/很 贵。
.... hěn tián/bú tài tián. Zhè zhǒng diǎnxīn yǒudiǎnr guì/bú tài guì/hěn guì.

这 种 点心 在 .... 能 买到。　※点心：デザート、甜：あまい、有点儿：ちょっと
Zhè zhǒng diǎnxīn zài .... néng mǎidào.

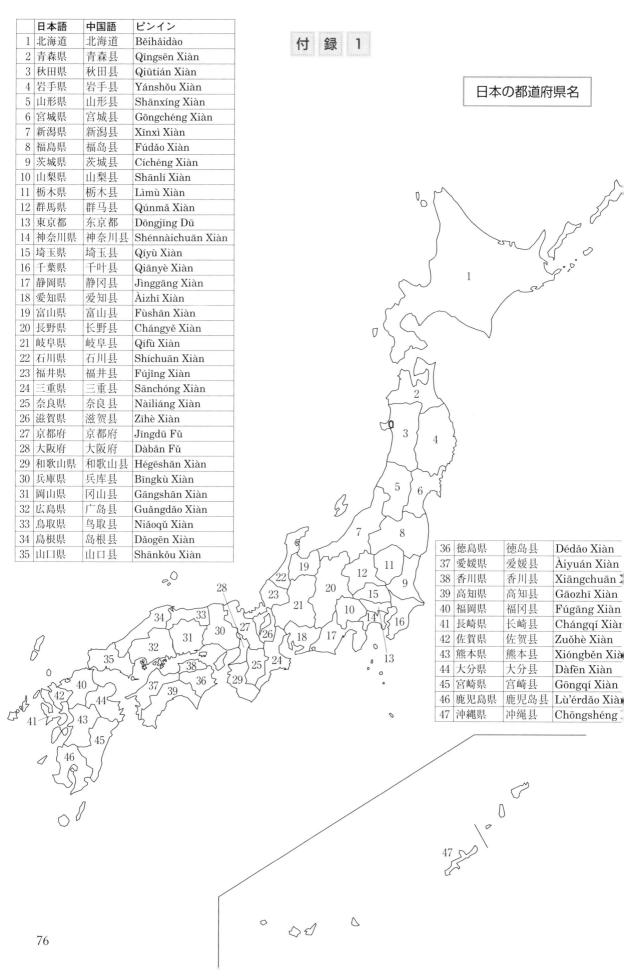

日本の都道府県名

	日本語	中国語	ピンイン
1	北海道	北海道	Běihǎidào
2	青森県	青森县	Qīngsēn Xiàn
3	秋田県	秋田县	Qiūtián Xiàn
4	岩手県	岩手县	Yánshǒu Xiàn
5	山形県	山形县	Shānxíng Xiàn
6	宮城県	宫城县	Gōngchéng Xiàn
7	新潟県	新潟县	Xīnxì Xiàn
8	福島県	福岛县	Fúdǎo Xiàn
9	茨城県	茨城县	Cíchéng Xiàn
10	山梨県	山梨县	Shānlí Xiàn
11	栃木県	栃木县	Lìmù Xiàn
12	群馬県	群马县	Qúnmǎ Xiàn
13	東京都	东京都	Dōngjīng Dū
14	神奈川県	神奈川县	Shénnàichuān Xiàn
15	埼玉県	埼玉县	Qíyù Xiàn
16	千葉県	千叶县	Qiānyè Xiàn
17	静岡県	静冈县	Jìnggāng Xiàn
18	愛知県	爱知县	Àizhī Xiàn
19	富山県	富山县	Fùshān Xiàn
20	長野県	长野县	Chángyě Xiàn
21	岐阜県	岐阜县	Qífù Xiàn
22	石川県	石川县	Shíchuān Xiàn
23	福井県	福井县	Fújǐng Xiàn
24	三重県	三重县	Sānchóng Xiàn
25	奈良県	奈良县	Nàiliáng Xiàn
26	滋賀県	滋贺县	Zīhè Xiàn
27	京都府	京都府	Jīngdū Fǔ
28	大阪府	大阪府	Dàbǎn Fǔ
29	和歌山県	和歌山县	Hégēshān Xiàn
30	兵庫県	兵库县	Bīngkù Xiàn
31	岡山県	冈山县	Gāngshān Xiàn
32	広島県	广岛县	Guǎngdǎo Xiàn
33	鳥取県	鸟取县	Niǎoqǔ Xiàn
34	島根県	岛根县	Dǎogēn Xiàn
35	山口県	山口县	Shānkǒu Xiàn

	日本語	中国語	ピンイン
36	徳島県	徳岛县	Dédǎo Xiàn
37	愛媛県	爱媛县	Àiyuán Xiàn
38	香川県	香川县	Xiāngchuān Xiàn
39	高知県	高知县	Gāozhī Xiàn
40	福岡県	福冈县	Fúgāng Xiàn
41	長崎県	长崎县	Chángqí Xiàn
42	佐賀県	佐贺县	Zuǒhè Xiàn
43	熊本県	熊本县	Xióngběn Xiàn
44	大分県	大分县	Dàfēn Xiàn
45	宮崎県	宫崎县	Gōngqí Xiàn
46	鹿児島県	鹿儿岛县	Lù'érdǎo Xiàn
47	沖縄県	冲绳县	Chōngshéng Xiàn

付録 2

1 食べ物

1 日本の食べ物

トンカツ	串焼き	しゃぶしゃぶ	ふぐ鍋	すき焼き
炸猪排	烤串儿	日式火锅	河豚火锅	鸡素烧
zházhūpái	kǎochuànr	rìshìhuǒguō	hétún huǒguō	jīsùshāo
おにぎり	納豆	おでん	餅	わさび
饭团	纳豆	熬点	年糕	山葵
fàntuán	nàdòu	áodiǎn	niángāo	shānkuí

2 中華料理

水餃子	小籠包	肉まん	麺類	春巻き
水饺	小笼包	包子	面条	春卷儿
shuǐjiǎo	xiǎolóngbāo	bāozi	miàntiáo	chūnjuǎnr
焼き餃子	麻婆豆腐	チンジャオロース	エビチリ	肉の醤油煮込み
煎饺	麻婆豆腐	青椒肉丝	干烧虾仁	红烧肉
jiānjiǎo	mápódòufu	qīngjiāoròusī	gānshāoxiārén	hóngshāoròu

3 各国料理

ビビンバ	オムライス	カレーライス	ナン	パエリア
石锅拌饭	蛋包饭	咖喱饭	印度馕饼	西班牙海鲜饭
shíguōbànfàn	dànbāofàn	gālífàn	Yìndùnángbǐng	Xībānyáhǎixiānfàn
キムチ	コロッケ	ピザ	スパゲティ	トムヤムクン
韩国泡菜	可乐饼	比萨饼	意大利面	泰国冬阴功汤
Hánguópàocài	kělèbǐng	bǐsàbǐng	Yìdàlìmiàn	TàiguóDōngyīngōngtāng

2 飲みもの

ヨーグルト	紅茶	ミネラルウォーター	スプライト	ジュース
酸奶	红茶	矿泉水	雪碧	果汁儿
suānnǎi	hóngchá	kuàngquánshuǐ	xuěbì	guǒzhīr
ラテ	シェイク	ビール	紹興酒	日本酒
拿铁咖啡	奶昔	啤酒	绍兴酒	日本酒
nátiěkāfēi	nǎixī	píjiǔ	Shàoxīngjiǔ	Rìběnjiǔ

3 デザート

パフェ	ドーナツ	シュークリーム	タルト	ティラミス
芭菲	甜甜圈	泡芙	蛋挞	提拉米苏
bāfēi	tiántiánquān	pàofú	dàntà	tílāmǐsū
パンケーキ	ワッフル	クレープ	クッキー	ゼリー
松饼	华夫饼	可丽饼	曲奇饼	果冻
sōngbǐng	huáfūbǐng	kělìbǐng	qūqíbǐng	guǒdòng

4 食器

箸	スプーン	フォーク	ナイフ	皿
筷子	勺子	叉子	刀子	盘子
kuàizi	sháozi	chāzi	dāozi	pánzi
コップ	紙ナプキン	おしぼり	ストロー	箸置き
杯子	餐巾纸	湿毛巾	吸管儿	筷子架
bēizi	cānjīnzhǐ	shīmáojīn	xīguǎnr	kuàizijià

Déyǔ	德语 ドイツ語	12 課
děng	等 待つ	7 課
dìdi	弟弟 弟	1 課発展、8 課
dìtiě	地铁 地下鉄	3 課
diǎn	点 〜時	5 課
diǎnxīn	点心 デザート	12 課発展
diàn	店 お店	5 課発展
diànchē	电车 電車	3 課
diànfànbāo	电饭煲 炊飯器	11 課発展
diànhuà	电话 電話	8 課
diànnǎo	电脑 パソコン	12 課
diànshì	电视 テレビ	2 課
diànyǐng	电影 映画	3 課
dǒng	懂 わかる	11 課
dōngbiānr	东边儿 東	7 課
Dōngjīng	东京 東京	3 課発展、8 課
Dōngjīng DíshìníHǎiyángLèyuán	东京迪士尼海洋乐园 東京ディズニーシー	6 課発展
Dōngjīng DíshìníLèyuán	东京迪士尼乐园 東京ディズニーランド	6 課発展
Dōngjīng Qíngkōngtǎ	东京晴空塔 東京スカイツリー	7 課発展
Dōngjīngrén	东京人 東京出身	3 課発展、4 課
Dōngjīng Xiāngjiāo	东京香蕉 東京ばな奈	12 課発展
dōngxi	东西 もの	3 課
dōngtiān	冬天 冬	4 課発展
dòngwùyuán	动物园 動物園	11 課
dōu	都 みんな	2 課
dùzi	肚子 おなか	9 課発展
duì	对 そのとおり	1 課
	〜に対して	12 課
duōcháng	多长 どれくらい（長さ）	6 課
duō dà	多大 どれくらい（年齢）	5 課
duō gāo	多高 どれぐらい（高さ）	4 課
duō shao	多少 いくつ、どれだけ	7 課
duōshao qián	多少钱 いくら	5 課
duō zhòng	多重 どれぐらい（重さ）	4 課

E

érzi	儿子 息子	9 課
ěrhuán	耳环 イヤリング	5 課発展

F

fā shāo	发烧 熱が出る	9 課発展
Fǎguó	法国 フランス	3 課
fǎlù	法律 法律	1 課
Fǎyǔ	法语 フランス語	11 課
fàng	放 置く	9 課
fángjiān	房间 部屋	9 課
fēicháng	非常 非常に	3 課
fēijī	飞机 飛行機	10 課
fēn	分 〜分	5 課
fēnzhōng	分钟 〜分間	6 課
fēngjǐng	风景 風景	11 課
Fēngyè Mántou	枫叶馒头 もみじ饅頭	12 課発展
Fúdǎo	福岛 福島	3 課発展
Fúgāng	福冈 福岡	3 課発展
Fùshìjí Yóulèyuán	富士急游乐园 富士急ハイランド	6 課発展
Fùshìshān	富士山 富士山	8 課

G

gàn	干 する	8 課
gǎnmào	感冒 風邪をひく	9 課
gāng	刚 したばかり	10 課
gāo	高 高い	4 課
gāozhōngshēng	高中生 高校生	1 課発展、9 課
gàosu	告诉 伝える	10 課
gē	歌 歌	8 課
ge	个 〜個、〜つ	4 課
gēge	哥哥 お兄さん	1 課発展、4 課
gěi	给 〜に	8 課
	あげる	11 課
Gōng Dǎo	宫岛 宮島	7 課発展
gōngjīn	公斤 キログラム	4 課
gōngsī	公司 会社	3 課
gōngsīzhíyuán	公司职员 サラリーマン	1 課発展
gōngxué	工学 工学	1 課
gōngzuò	工作 仕事をする	9 課
guān	关 閉める	9 課
Guǎngdǎo	广岛 広島	3 課発展
Guǎngdǎoshāo	广岛烧 お好み焼き	3 課発展
guì	贵 高い	5 課発展、8 課
Guǐmiè zhī rèn	鬼灭之刃 鬼滅の刃	8 課発展

Guǐnùchuān Wēnquán	鬼怒川温泉 鬼怒川温泉	10課発展
guo	过 ～したことがある	11課

H

hái	还 まだ	8課
	さらに、また	12課
háishi	还是 それとも	4課
hǎi	海 海	7課
hànbǎobāo	汉堡包 ハンバーガー	4課
Hánguǎn Wēnquán	函馆温泉 函館温泉	10課発展
Hánguó	韩国 韓国	11課
Hánguórén	韩国人 韓国人	1課
Hányǔ	韩语 韓国語	12課
hánjià	寒假 冬休み	10課発展
Hànyǔ	汉语 中国語	2課
Hánghǎiwáng	航海王 ワンピース	8課発展
Háosīdēngbǎo	豪斯登堡 ハウステンボス	6課発展
hǎo	好 よい	12課
Hǎo a.	好啊。 いいですよ。	3課
hǎochī	好吃 （食べ物）おいしい	8課
hǎohē	好喝 （飲み物）おいしい	8課
hǎoxiàng	好像 ～のようだ	9課
hào	号 日	5課
hē	喝 飲む	2課
hé	和 ～と	2課
hé	盒 はこ	12課発展
hěn	很 とても	4課
Héngbīn	横滨 横浜	4課発展
hóng	红 赤い	8課
hóngyè	红叶 紅葉	8課
hòu	后 後	11課
hòutiān	后天 あさって	3課
hú	湖 湖	7課
huáxuě	滑雪 スキー	11課
huà	画 描く	8課発展
huí	回 戻る	10課
huì	会 ～できる	7課
huódòng	活动 活動	10課

J

jǐ	几 いくつ	4課
Jīqìmāo	机器猫 ドラえもん	8課発展

jìxù	继续 継続する	12課
jiā	家 家	4課
jiāshīqì	加湿器 加湿器	11課発展
jiātíngzhǔfù	家庭主妇 専業主婦	1課発展
jiānzhírényuán	兼职人员 パートタイム	1課発展
jiàn	件 （量詞）～着	5課
jiànkāng	健康 健康である	9課
jiǎngkè	讲课 講義する	9課
jiāo	教 教える	12課
jiàoshì	教室 教室	6課
jiào	叫 （名前）～といいます	1課
jiǎozi	饺子 餃子	2課
jiějie	姐姐 お姉さん	1課発展、4課
jièshào	介绍 紹介する	11課
jìn	近 近い	6課
jìn	进 入る	10課
jīnnián	今年 今年	5課
jīntiān	今天 今日	3課
jīngcháng	经常 いつも、しょっちゅう	7課
Jīngdū	京都 京都	3課
Jīngdū Mǒchá	京都抹茶 京都抹茶	12課発展
Jīngdūrén	京都人 京都出身	4課
jīngjì	经济 経済	1課
Jìnggāng	静冈 静岡	12課発展
jiǔ	酒 酒	12課
juédìng	决定 決める	3課

K

kāfēi	咖啡 コーヒー	2課発展、7課
kāi	开 開く、開ける	9課
kāichē	开车 運転する	6課
kàn	看 見る	2課
kǎojīròuchuànr	烤鸡肉串儿 やきとり	2課発展
kǎoròu	烤肉 焼肉	3課
kǎozhāngyúwán	烤章鱼丸 たこ焼き	3課発展
kè	课 授業	3課
késou	咳嗽 咳をする	9課
kělè	可乐 コーラ	2課発展
kěshì	可是 しかし	3課
kèwén	课文 教科書の本文	12課
kōngtiáo	空调 エアコン	11課発展
kǒu	口 ～人（家族の構成を数える量詞）	4課

kǒuzhào	口罩 マスク	9課
kùzi	裤子 ズボン	5課発展
kuài	块 元	5課
kuài	快 速く	9課
kuàngquánshuǐ	矿泉水 ミネラルウォーター	2課発展

L

lāmiàn	拉面 ラーメン	2課発展
Làbǐ Xiǎoxīn	《蜡笔小新》 クレヨンしんちゃん	8課発展
lái	来 来る	3課
lǎoshī	老师 先生	1課
le	了 完了、実現、情況の変化などを表す	8課
lěng	冷 寒い	4課発展、9課
lí	离 〜から、〜まで	6課
li	里 〜の中	7課
lǐwù	礼物 プレゼント	5課
lìshǐ	历史 歴史	12課
Liáncāng	镰仓 鎌倉	4課発展
liǎng	两 二つ、2	4課
liángkuai	凉快 すずしい	4課発展
liúxuéshēng	留学生 留学生	1課
lóu	楼 〜階	10課
lù	鹿 鹿	7課発展
lǚyóu	旅游 旅行する	10課
lùchá	绿茶 緑茶	2課

M

ma	吗 〜か（疑問を表す）	1課
māma	妈妈 お母さん	1課発展、4課
mǎshang	马上 すぐに	11課
mǎi	买 買う	2課
mài	卖 売る	8課
Mányú Sū	鳗鱼酥 うなぎパイ	12課発展
mànhuà	漫画 マンガ	8課発展
máng	忙 忙しい	9課
méiyìsi	没意思 面白くない	12課
méi(yǒu)	没（有）〜ない、〜持っていない、〜しなかった（否定を表す）	3課
méiyǒu	没有（比較文に用いて）〜ほど…ではない	5課
Měiguó	美国 アメリカ	3課

Měiguórén	美国人 アメリカ人	1課
měishí	美食 グルメ	11課
měitiān	每天 毎日	6課
mèimei	妹妹 いもうと	1課発展、5課
mén	门 ドア	9課
mǐ	米 メートル	4課
mìmì	秘密 秘密	12課
miànbāo	面包 パン	2課
Mínggǔwū	名古屋 名古屋	3課発展、6課
Mínggǔwū Chéng	名古屋城 名古屋城	7課発展
míngnián	明年 来年	10課
míngshèng gǔjì	名胜古迹 名所旧跡	3課発展
míngtiān	明天 明日	3課
Míngzhēntàn Kēnán	名侦探柯南 名探偵コナン	8課発展
míngzi	名字 名前	1課
mǒchá	抹茶 抹茶	2課発展

N

ná	拿 取る	9課
nǎ	哪 どの、どれ	2課
nǎge/něige	哪个 どの、どれ	2課
nǎr	哪儿 どこ	6課
nà	那 それでは	3課
nà	那 あれ、それ	2課
nàge/nèige	那个 あの、あれ	2課
nàli	那里 あそこ	6課発展
nàr	那儿 あそこ	6課発展
Nàxū Wēnquán	那须温泉 那須温泉	10課発展
nǎinai	奶奶 お婆さん	8課
Nàiliáng	奈良 奈良	7課発展
Nàiliáng Gōngyuán	奈良公园 奈良公園	7課発展
nánbiānr	南边儿 南	7課
nánpéngyou	男朋友 ボーイフレンド	4課
ne	呢 〜は	2課
	〜している	8課
néng	能 〜できる	7課
nǐ	你 あなた	1課
Nǐ hǎo!	你好！こんにちは！	1課
nǐmen	你们 あなたたち	1課
nín	您 あなた（尊敬）	1課
Nín hǎo!	您好！こんにちは！	1課

niúnǎi	牛奶 牛乳	2課
niúròufàn	牛肉饭 牛丼	4課
niúzá huǒguō	牛杂火锅 もつ鍋	3課発展
nuǎnhuo	暖和 暖かい	4課発展
nǚ'ér	女儿 娘	9課

O

ǒutù	呕吐 吐き気	9課発展

P

pá	爬 登る	10課
pāi	拍 撮る	8課
páiqiú	排球 バレーボール	11課
pǎo	跑 走る	12課
pào	泡 つかる	10課発展
péngyou	朋友 友人	1課
Pípahú	琵琶湖 琵琶湖	7課
piányi	便宜 安い	8課
piào	票 チケット	11課
piàoliang	漂亮 きれい	6課
pǐncháng	品尝 試食する、味わう	11課
píngguǒ	苹果 りんご	7課
píngshí	平时 いつも、普段	9課

Q

qí	骑 乗る	6課
qǐchuáng	起床 起きる	6課
qiānxū	谦虚 謙虚	12課
qiánbāo	钱包 財布	7課
qiánbiānr	前边儿 前	7課
Qiǎncǎo Sì	浅草寺 浅草寺	7課発展
qiáomàimiàn	荞麦面 そば	2課
qiǎokèlì	巧克力 チョコレート	8課
Qīngsēn Píngguǒpài	青森苹果派 気になるリンゴ	12課発展
Qīngshuǐ Sì	清水寺 清水寺	7課発展、11課
qǐngwèn	请问 お尋ねします	1課
qiūtiān	秋天 秋	4課発展
Qiūyèyuán	秋叶原 秋葉原	8課
qù	去 いく	2課
qùnián	去年 去年	10課
qúnzi	裙子 スカート	5課発展

R

ràng	让 ～させる	12課
rè	热 暑い	4課
Rèhǎi Wēnquán	热海温泉 熱海温泉	10課発展
rén	人 人	4課
rénxíngshāo	人形烧 人形焼き	3課発展
rènshi	认识 知っている	9課
Rìběnrén	日本人 日本人	1課
Rìguāng Jiānghùcūn	日光江户村 日光江戸村	6課発展
rúguǒ	如果 もし	9課発展

S

Sānchóng	三重 三重	6課発展
Sānlì'ōu Cǎihóng Lèyuán	三丽欧彩虹乐园 サンリオピューロランド	6課発展
sānwényúzǐ gàifàn	三文鱼籽盖饭 イクラ丼	3課発展
shāfā	沙发 ソファー	9課
Shāntián Diànjī	山田电机 ヤマダ電機	11課発展
shang	上 ～の上	7課
shàng	上 上がる	10課
shàngkè	上课 授業を受ける、授業をする	8課
shàngwǔ	上午 午前	11課
shāngdiàn	商店 お店	7課
shāngxué	商学 商学	1課
shàngbān	上班 出勤する	3課
Shàngyě	上野 上野	11課
shèhuìxué	社会学 社会学	1課
shètuán	社团 サークル	10課
shéi	谁 だれ	1課
shēntǐ	身体 からだ	9課
Shénhù	神户 神戸	4課
Shénhùrén	神户人 神戸出身	3課発展
shénme	什么 なに	1課
shénme dìfang	什么地方 どこ	8課
shénme shíhou	什么时候 いつ	10課
shēngri	生日 誕生日	5課
shēngyúpiàn	生鱼片 刺身	2課発展
shì	是 ～である	1課
shì～de	是～的 ～たのです	10課
shíhou	时候 時	8課
shíjiān	时间 時間	6課
shítáng	食堂 食堂	2課
shǒubiǎo	手表 腕時計	5課発展、8課

shǒujī	手机 携帯電話	5課
Shǒulǐ Chéng	首里城 首里城	7課発展
shòusī	寿司 寿司	2課発展
shòushāng	受伤 怪我をする	9課発展
shū	书 本	3課
shūbāo	书包 かばん	7課
shūdiàn	书店 書店	7課
shūjià	书架 本棚	9課
shǔjià	暑假 夏休み	8課
shuāng	双（量词）対になっているものを数える	5課
Shuāngzǐzuò	双子座 ふたご座	5課
shuì	睡 寝る	6課
shuǐguǒ	水果 果物	7課
shuìjiào	睡觉 寝る	9課
shuō	说 話す	7課
shuō huà	说话 話をする	8課
shuōmíngshū	说明书 説明書	11課発展
sìmiào	寺庙 寺	7課発展
suì	岁 ～歳	5課
suǒyǐ	所以 だから	10課

T		
tā	他 彼	1課
tā	她 彼女	1課
tāmen	他们 彼ら	1課
tāmen	她们 彼女ら	1課
tài~le	太～了 ～過ぎる	12課
tǎng	躺 横になる	9課
tèsè měishí	特色美食 特色のある料理	3課発展
téng	疼 痛い	9課
tiān	天 ～日	10課
tiānfùluó	天妇罗 てんぷら	2課発展
tiānqì	天气 天気	4課発展、9課
tián	甜 甘い	12課発展
tiáo	条 スカートの量詞	5課発展
tiē	贴 貼る	9課発展
tīng kè	听课 授業を受ける	9課
tīngshuō	听说 聞くところによると	10課
tóngxué	同学 クラスメート	1課
tóu	头 頭	9課
túshūguǎn	图书馆 図書館	2課
tuìshāo yào	退烧药 解熱剤	9課発展

Txùshān	T恤衫 Tシャツ	5課発展

W		
wàimian	外面 外	10課
wàirén	外人 外部の人	10課
wán	完 終わる	11課
wánr	玩儿 遊ぶ	7課発展、8課
wéibōlú	微波炉 電子レンジ	11課発展
wèishénme	为什么 なぜ	10課
wèicēng zhǔ wūdōngmiàn	味噌煮乌冬面 味噌煮込みうどん	3課発展
wèn	问 問う	12課
wèntí	问题 問題	12課
wénxué	文学 文学	1課
wǒ	我 わたし	1課
wǒmen	我们 私たち	1課
wūdōngmiàn	乌冬面 うどん	2課
wūlóngchá	乌龙茶 ウーロン茶	2課
wǔfàn	午饭 昼食	2課

X		
xībiānr	西边儿 西	7課
xīchénqì	吸尘器 掃除機	11課発展
Xǐduōfāng lāmiàn	喜多方拉面 喜多方ラーメン	3課発展
xǐhuan	喜欢 好き	6課
xǐyījī	洗衣机 洗濯機	11課発展
xià	下 降りる	10課
xiàwǔ	下午 午後	11課
xiàyǔ	下雨 雨が降る	10課
xiàtiān	夏天 夏	4課発展、7課
xiān	先 まず	9課
xiànzài	现在 今	3課
xiǎng	想 ～したい	3課
xiāngjiāo	香蕉 バナナ	8課
xiàngjī	相机 カメラ	5課発展
xiǎo	小 年下、小さい	5課
Xiǎocāng	小仓 小倉	4課発展
xiǎoshí	小时 ～時間	6課
xiǎoshuō	小说 小説	11課
xiǎoxuéshēng	小学生 小学生	1課発展
xié	鞋 靴	5課
xiě	写 書く	8課

xièxie	谢谢 ありがとう	12課
xīn	新 新しい	5課
xìng	姓 (苗字) ～といいます	1課
Xīngbākè	星巴克 スターバックス	7課
xīngqī	星期 曜日	5課
Xīngqīliù	星期六 土曜日	6課
Xīngqītiān	星期天 日曜日	5課
Xīngqīyī	星期一 月曜日	6課
xuésheng	学生 学生	1課
xuéxí	学习 勉強する	2課
xuéxiào	学校 学校	3課
Xùshān Dòngwùyuán	旭山动物园 旭山動物園	7課発展

Y

yán	严 厳しい	12課
yǎn gān	眼干 ドライアイ	9課発展
yǎnjing	眼睛 目	9課
yǎnyàoshuǐ	眼药水 目薬	9課発展
yào	要 ほしい	5課
	かかる	6課
yào	药 薬	9課
yàodiàn	药店 薬局	9課発展
yě	也 ～も	2課
Yīdōng Wēnquán	伊东温泉 伊東温泉	10課発展
yīfu	衣服 服	2課
yīshēng	医生 医者	1課
yīwùshì	医务室 保健室	9課
yīyuàn	医院 病院	6課
yíbànr	一半儿 半分	11課
yíxià	一下 ちょっと	9課
yíyàng	一样 同じ	5課
yìqǐ	一起 一緒に	2課
yìxiē	一些 少し	9課
yǐjīng	已经 もう、すでに	9課
yǐzi	椅子 椅子	9課
yīnwèi	因为 なぜなら、～なので	10課
yīnyuèhuì	音乐会 コンサート	11課
yīnghuā	樱花 桜	1課
Yīngtáo Xiǎowánzǐ	樱桃小丸子 ちびまる子ちゃん	8課発展
Yīngyǔ	英语 英語	7課
yòng	用 使う	12課
yǒu rénqì	有人气 人気がある	11課発展

yóu	游 泳ぐ	7課
yóuxì	游戏 ゲーム	8課
yóuyǒng	游泳 泳ぐ、水泳をする	7課
yǒu	有 ～がある、～を持っている	3課
yǒudiǎnr	有点儿 ちょっと	12課発展
yǒumíng	有名 有名	7課
yǒuyìsi	有意思 面白い	8課
Yǒudōubāxǐ	友都八喜 ヨドバシカメラ	11課発展
yuǎn	远 遠い	6課
yuè	月 月	5課
yùndòngxié	运动鞋 スニーカー	5課発展

Z

zài	在 ～が…にある、～が…にいる	6課
	～で	7課
	～している	8課
zài	再 再び	10課
zǎo	早 早い	12課
zěnme	怎么 どうやって	3課
	どうして	9課
zěnme le	怎么了 どうした	9課
zěnmeyàng	怎么样 どうですか	12課
zhàn	站 立つ	9課
zhāng	张 ～床 (ベッドを数える量詞)	9課
zhàopiàn	照片 写真	8課
zhè	这 これ	2課
zhè cì	这次 今回	10課
zhège/zhèige	这个 この、これ	2課
zhèr	这儿 ここ	6課発展
zhe	着 ～ている、～てある、～しつつある	9課
zhēn	真 本当に	12課
zhēnzhūnǎichá	珍珠奶茶 タピオカミルクティー	2課発展
zhèng	正 ちょうど～している	8課
zhīdào	知道 わかる	11課
zhǐnán	指南 ガイド	11課
zhǐténg yào	止疼药 痛み止め	9課発展
zhǐtù yào	止吐药 吐き気止め	9課発展
Zhōngguó	中国 中国	10課
Zhōngguórén	中国人 中国人	1課
zhǒng	种 種類	11課発展
zhuānyè	专业 専門、専攻	1課

ご採用の先生方へ

本テキストには教授用資料に付録問題、plus⁺Media の文法解説動画の中に確認問題があり、それらは次に説明する CheckLink に対応しています（このテキスト自体には CheckLink 対応の問題はありませんのでご注意ください）。

CheckLink を使用しなくても問題は解けますが、授業活性化に役立つツールです。右ページをご参考いただき、ぜひご活用ください。

なお、付録の内容などの詳しい説明は、教授用資料にありますので、そちらもご参考いただけますと幸いです。

本書は CheckLink（チェックリンク）対応テキストです。

CheckLinkのアイコンが表示されている設問は、CheckLinkに対応しています。

CheckLinkを使用しなくても従来通りの授業ができますが、特色をご理解いただき、授業活性化のためにぜひご活用ください。

CheckLinkの特色について

　大掛かりで複雑な従来のe-learningシステムとは異なり、CheckLinkのシステムは大きな特色として次の3点が挙げられます。

1. これまで行われてきた教科書を使った授業展開に大幅な変化を加えることなく、専門的な知識なしにデジタル学習環境を導入することができる。
2. PC教室やCALL教室といった最新の機器が導入された教室に限定されることなく、普通教室を使用した授業でもデジタル学習環境を導入することができる。
3. 授業中での使用に特化し、教師・学習者双方のモチベーション・集中力をアップさせ、授業自体を活性化することができる。

▶教科書を使用した授業に「デジタル学習環境」を導入できる

　本システムでは、学習者は教科書のCheckLinkのアイコンが表示されている設問にPCやスマートフォン、アプリからインターネットを通して解答します。そして教師は、授業中にリアルタイムで解答結果を把握し、正解率などに応じて有効な解説を行うことができるようになっています。教科書自体は従来と何ら変わりはありません。解答の手段としてCheckLinkを使用しない場合でも、従来通りの教科書として使用して授業を行うことも、もちろん可能です。

▶教室環境を選ばない

　従来の多機能なe-learning教材のように学習者側の画面に多くの機能を持たせることはせず、「解答する」ことに機能を特化しました。PCだけでなく、一部タブレット端末やスマートフォン、アプリからの解答も可能です。したがって、PC教室やCALL教室といった大掛かりな教室は必要としません。普通教室でもCheckLinkを用いた授業が可能です。教師はPCだけでなく、一部タブレット端末やスマートフォンからも解答結果の確認をすることができます。

▶授業を活性化するための支援システム

　本システムは予習や復習のツールとしてではなく、授業中に活用されることで真価を発揮する仕組みになっています。CheckLinkというデジタル学習環境を通じ、教師と学習者双方が授業中に解答状況などの様々な情報を共有することで、学習者はやる気を持って解答し、教師は解答状況に応じて効果的な解説を行う、という好循環を生み出します。CheckLinkは、普段の授業をより活力のあるものへと変えていきます。

　上記3つの大きな特色以外にも、掲示板などの授業中に活用できる機能を用意しています。従来通りの教科書としても使用はできますが、ぜひCheckLinkの機能をご理解いただき、普段の授業をより活性化されたものにしていくためにご活用ください。

CheckLink の使い方

CheckLink は、PCや一部のタブレット端末、スマートフォン、アプリを用いて、この教科書にある
ⅭCheckLink のアイコン表示のある設問に解答するシステムです。
・初めて CheckLink を使う場合、以下の要領で**「学習者登録」**と**「教科書登録」**を行います。
・一度登録を済ませれば、あとは毎回「**ログイン画面**」から入るだけです。CheckLink を使う
　教科書が増えたときだけ、改めて**「教科書登録」**を行ってください。

CheckLink URL

https://checklink.kinsei-do.co.jp/student/

登録は CheckLink 学習者用
アプリが便利です。ダウン
ロードはこちらから ▶▶▶

▶**学習者登録**（PC ／タブレット／スマートフォンの場合）
①上記 URL にアクセスすると、右のページが表示されます。学校名を入力し
　「ログイン画面へ」を選択してください。
　PC の場合は「PC 用はこちら」を選択して PC 用ページを表示します。同
　様に学校名を入力し「ログイン画面へ」を選択してください。
②ログイン画面が表示されたら**「初めての方はこちら」**を選択し
　「学習者登録画面」に入ります。

③自分の学籍番号、氏名、メールアドレス（学校
　のメールなど **PC メールを推奨**）を入力し、次
　に**任意のパスワード**を 8 桁以上 20 桁未満（半
　角英数字）で入力します。なお、学籍番号は
　パスワードとして使用することはできません。
④「パスワード確認」は、❸で入力したパスワー
　ドと同じものを入力します。
⑤最後に「登録」ボタンを選択して登録は完了
　です。次回からは、「ログイン画面」から学籍
　番号とパスワードを入力してログインしてく
　ださい。

▶教科書登録

①ログイン後、メニュー画面から「教科書登録」を選び（PCの場合はその後「新規登録」ボタンを選択）、「教科書登録」画面を開きます。

②教科書と受講する授業を登録します。
教科書の最終ページにある、**教科書固有番号**のシールをはがし、印字された**16桁の数字とアルファベット**を入力します。

③授業を担当される先生から連絡された**11桁の授業ID**を入力します。

④最後に「登録」ボタンを選択して登録は完了です。

⑤実際に使用する際は「教科書一覧」（PCの場合は「教科書選択画面」）の該当する教科書名を選択すると、「問題解答」の画面が表示されます。

▶問題解答

①問題は教科書を見ながら解答します。この教科書の  CheckLink のアイコン表示のある設問に解答できます。

②問題が表示されたら選択肢を選びます。

③表示されている問題に解答した後、「解答」ボタンを選択すると解答が登録されます。

▶CheckLink 推奨環境

PC

推奨 OS
Windows 7, 10 以降
MacOS X 以降

推奨ブラウザ
Internet Explorer 8.0 以上
Firefox 40.0 以上
Google Chrome 50 以上
Safari

携帯電話・スマートフォン
3G 以降の携帯電話（docomo, au, softbank）
iPhone, iPad（iOS9 〜）
Android OS スマートフォン、タブレット

・最新の推奨環境についてはウェブサイトをご確認ください。
・上記の推奨環境を満たしている場合でも、機種によってはご利用いただけない場合もあります。また、推奨環境は技術動向等により変更される場合があります。

▶CheckLink 開発

CheckLink は奥田裕司 福岡大学教授、正興 IT ソリューション株式会社、株式会社金星堂によって共同開発されました。

CheckLink は株式会社金星堂の登録商標です。

CheckLink の使い方に関するお問い合わせは…

正興ITソリューション株式会社　CheckLink 係

e-mail checklink@seiko-denki.co.jp

オンライン映像配信サービス「plus⁺Media」について

本テキストの映像は plus⁺Media ページ（www.kinsei-do.co.jp/plusmedia）から、ストリーミング再生でご利用いただけます。手順は以下に従ってください。

ログイン

ログインページ

● ご利用には、ログインが必要です。
サイトのログインページ（www.kinsei-do.co.jp/plusmedia/login）へ行き、plus⁺Media パスワード（次のページのシールをはがしたあとに印字されている数字とアルファベット）を入力します。

● パスワードは各テキストにつき 1 つです。
有効期限は、はじめてログインした時点から 1 年間になります。

[利用方法]

次のページにある QR コード、もしくは plus⁺Media トップページ（www.kinsei-do.co.jp/plusmedia）から該当するテキストを選んで、そのテキストのメインページにジャンプしてください。

メニューページ　　　再生画面

plus+Media トップ　　　メインページ

「Video」「Audio」をタッチすると、それぞれのメニューページにジャンプしますので、そこから該当する項目を選べば、ストリーミングが開始されます。

[推奨環境]

iOS (iPhone, iPad)	OS: iOS 12 以降 ブラウザ：標準ブラウザ	Android	OS: Android 6 以降 ブラウザ：標準ブラウザ、Chrome
PC	OS: Windows 7/8/8.1/10, MacOS X　ブラウザ：Internet Explorer 10/11, Microsoft Edge, Firefox 48以降, Chrome 53以降, Safari		

※最新の推奨環境についてはウェブサイトをご確認ください。
※上記の推奨環境を満たしている場合でも、機種によってはご利用いただけない場合もあります。また、推奨環境は技術動向等により変更される場合があります。予めご了承ください。

本テキストをご使用の方は以下の動画を視聴することができます。

発音解説・練習動画

解説パート
李軼倫先生が発音のコツをわかりやすく解説習

練習パート
チャンツを活用して、リズムに合わせて発音練

文法解説動画

金子真生先生が文法について簡潔に解説

確認問題は CheckLink で解答状況を確認

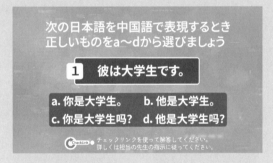

日中異文化理解動画

会話シーン

解説シーン

●日本を舞台とした会話シーンでは、日本人学生と留学生のやり取りから、日中異文化を描いています。

●解説シーンでは洪潔清先生による異文化理解の説明があります。

このシールをはがすと
plus⁺Media 利用のための
パスワードが
記載されています。

一度はがすと元に戻すことは
できませんのでご注意下さい。

◀ ここからはがして下さい

735 初級中国語で
おもてなし 改訂版　plus⁺Media

このシールをはがすと
CheckLink 利用のための
「教科書固有番号」が
記載されています。

一度はがすと元に戻すことは
できませんのでご注意下さい。

◀ ここからはがして下さい

735 初級中国語で
おもてなし 改訂版　CheckLink

初級中国語でおもてなし　改訂版

2024 年 1 月 9 日　初 版 発 行

著　　者　Ⓒおもてなし中国語教材開発チーム
発 行 者　福岡正人
発 行 所　株式会社　**金星堂**

〒101-0051　東京都千代田区神田神保町 3-21
Tel. 03-3263-3828　Fax. 03-3263-0716
E-mail : text@kinsei-do.co.jp
URL : http://www.kinsei-do.co.jp

編集担当　川井義大　　　　　　　　　　　　2-00-0735
組版／株式会社欧友社　印刷／興亜産業　製本／松島製本
本書の無断複製・複写は著作権法上での例外を除き禁じられています。本
書を代行業者等の第三者に依頼してスキャンやデジタル化することは、た
とえ個人や家庭内の利用であっても認められておりません。
乱丁・落丁本はお取り替えいたします。
KINSEIDO, 2024, Printed in Japan

ISBN978-4-7647-0735-1 C1087

西　安

四　川

云　南

西北

西南

乌鲁木齐

新疆维吾尔自治区

青海省

西藏自治区

拉萨

呼和浩特

黑龙江省
哈尔滨

长春
吉林省

华北

内蒙古自治区

沈阳

辽宁省

东北

呼和浩特

北京市

北京

宁夏回族
自治区

石家庄

天津市

山西省

河北省

银川

太原

济南

宁

兰州

山东省

甘肃省

西安

郑州

江苏省

华东

陕西省

河南省

安徽省

南京

川省
成都

湖北省

武汉

合肥

上海市

重庆市

华中

杭州

浙江省

长沙

南昌

湖南省

江西省

贵州省

福州

贵阳

福建省

昆明

南省

广西壮族
自治区

广东省

台北

台湾

广州

南宁

香港

华南

澳门

海口

海南省

上 海

中国語音節表

声母 \ 韻母		介音なし																	
		a	o	e	-i[ʅ]	-i[ɿ]	er	ai	ei	ao	ou	an	en	ang	eng	-ong	i[i]	ia	iao
	ゼロ	a	o	e			er	ai	ei	ao	ou	an	en	ang	eng		yi	ya	yao
唇音	b	ba	bo					bai	bei	bao		ban	ben	bang	beng		bi		biao
	p	pa	po					pai	pei	pao	pou	pan	pen	pang	peng		pi		piao
	m	ma	mo	me				mai	mei	mao	mou	man	men	mang	meng		mi		miao
	f	fa	fo						fei		fou	fan	fen	fang	feng				
舌尖音	d	da		de				dai	dei	dao	dou	dan	den	dang	deng	dong	di		diao
	t	ta		te				tai		tao	tou	tan		tang	teng	tong	ti		tiao
	n	na		ne				nai	nei	nao	nou	nan	nen	nang	neng	nong	ni		niao
	l	la		le				lai	lei	lao	lou	lan		lang	leng	long	li	lia	liao
舌根音	g	ga		ge				gai	gei	gao	gou	gan	gen	gang	geng	gong			
	k	ka		ke				kai	kei	kao	kou	kan	ken	kang	keng	kong			
	h	ha		he				hai	hei	hao	hou	han	hen	hang	heng	hong			
舌面音	j																ji	jia	jiao
	q																qi	qia	qiao
	x																xi	xia	xiao
そり舌音	zh	zha		zhe	zhi			zhai	zhei	zhao	zhou	zhan	zhen	zhang	zheng	zhong			
	ch	cha		che	chi			chai		chao	chou	chan	chen	chang	cheng	chong			
	sh	sha		she	shi			shai	shei	shao	shou	shan	shen	shang	sheng				
	r			re	ri					rao	rou	ran	ren	rang	reng	rong			
舌歯音	z	za		ze		zi		zai	zei	zao	zou	zan	zen	zang	zeng	zong			
	c	ca		ce		ci		cai		cao	cou	can	cen	cang	ceng	cong			
	s	sa		se		si		sai		sao	sou	san	sen	sang	seng	song			

介音 i						介音 u									介音 ü			
iou	ian	in	iang	ing	iong	u	ua	uo	uai	uei	uan	uen	uang	ueng	ü	üe	üan	ün
you	yan	yin	yang	ying	yong	wu	wa	wo	wai	wei	wan	wen	wang	weng	yu	yue	yuan	yun
	bian	bin		bing		bu												
	pian	pin		ping		pu												
miu	mian	min		ming		mu												
						fu												
diu	dian			ding		du		duo		dui	duan	dun						
	tian			ting		tu		tuo		tui	tuan	tun						
niu	nian	nin	niang	ning		nu		nuo			nuan				nü	nüe		
liu	lian	lin	liang	ling		lu		luo			luan	lun			lü	lüe		
						gu	gua	guo	guai	gui	guan	gun	guang					
						ku	kua	kuo	kuai	kui	kuan	kun	kuang					
						hu	hua	huo	huai	hui	huan	hun	huang					
jiu	jian	jin	jiang	jing	jiong										ju	jue	juan	jun
qiu	qian	qin	qiang	qing	qiong										qu	que	quan	qun
xiu	xian	xin	xiang	xing	xiong										xu	xue	xuan	xun
						zhu	zhua	zhuo	zhuai	zhui	zhuan	zhun	zhuang					
						chu	chua	chuo	chuai	chui	chuan	chun	chuang					
						shu	shua	shuo	shuai	shui	shuan	shun	shuang					
						ru	rua	ruo		rui	ruan	run						
						zu		zuo		zui	zuan	zun						
						cu		cuo		cui	cuan	cun						
						su		suo		sui	suan	sun